企业经营法则

企业经营
头条思维创新

陈金平　著

中华工商联合出版社

图书在版编目（CIP）数据

企业经营头条思维创新／陈金平著．—北京：中
华工商联合出版社，2020.10
ISBN 978-7-5158-2822-0

Ⅰ.①企…　Ⅱ.①陈…　Ⅲ.①企业领导学　Ⅳ.
①F272.91

中国版本图书馆 CIP 数据核字（2020）第 152851 号

企业经营头条思维创新

作　　者：陈金平
出 品 人：刘　刚
责任编辑：胡小英
封面设计：子　时
版式设计：北京东方视点数据技术有限公司
责任审读：郭敬梅
责任印制：陈德松
出版发行：中华工商联合出版社有限责任公司
印　　刷：盛大（天津）印刷有限公司
版　　次：2020 年 10 月第 1 版
印　　次：2024 年 1 月第 2 次印刷
开　　本：710mm×1020mm　1/16
字　　数：180 千字
印　　张：12
书　　号：ISBN 978-7-5158-2822-0
定　　价：68.00 元

服务热线：010-58301130-0（前台）
销售热线：010-58302977（网店部）
　　　　　010-58302166（门店部）
　　　　　010-58302837（馆配部、新媒体部）
　　　　　010-58302813（团购部）
地址邮编：北京市西城区西环广场 A 座
　　　　　19-20 层，100044
http://www.chgslcbs.cn
投稿热线：010-58302907（总编室）
投稿邮箱：1621239583@qq.com

导　言

企业家领导力中的头条思维

这是一个人人都争着上头条的时代！上了头条，也就提高了宣传力和影响力，还代表着更高的说服力。

如今，企业家领导力的明星化，已经成为一种不可阻挡的趋势，更是企业品牌宣传的一个重要环节。拿出手机，打开网络和微信，上下刷一刷，除了娱乐明星八卦、各种销售信息，相信更多的是商界大佬的消息。翻得多了就会发现，出现在公众视野中的企业家一天比一天多：董明珠、雷军、张朝阳、罗永浩、李开复；连股神巴菲特、GE的韦尔奇、苹果的库克、Facebook的扎克伯格等都是知名网络人士……一次次的露脸，让他们的个人品牌价值极大提高，更给企业成功加分：

网红型企业家可以更好地连接消费者、员工和投资人。

消费者更愿意接受喜欢使用社交媒体的企业家的公司产品。

如果企业家使用社交媒体，消费者往往会更信任这家公司。

很多消费者认为，使用社交媒体的企业家具备更强的领导力。

如果企业家或老板喜欢使用社交媒体，员工会觉得老板更具有领导力。

网红老板会让员工更有灵感去执行并超越，而灵感和指引作用将使员工更愿意留在企业里。

得民心者得天下！从本质上来说，网红型企业家就是，企业家改变过去高高在上的姿态，主动去接近消费者、倾听消费者，把个人魅力和品牌打造有机整合在一起，以情感为载体，化营销为交流，将消费者的注意力吸引过来，让他们信任你，继而信任你的产品。

每个企业家都应该成为网红！21世纪的今天，领导力已经发生了根本性变革。企业家一定要明白：在社交媒体上发声、互动、交流、连接，可以为企业创造无形价值，不触网的企业家可能彻底落伍。

那么，什么是真正具有头条思维的企业家领导力网红化呢？或者说，企业家如何通过网红化来提升领导力？在移动互联网高度发展、自媒体盛行的今天，这不仅是个"技术活儿"，更少不了企业家的深厚的个人修为——而这也正是本书所讨论的内容。

在"我要上头条"的时代，企业领导也要具备上头条的思维——成为网红，吸引人们的注意力，让人们关注你及你的产品。如果你想做一个具有头条思维的网红领导、提升自己的领导力，就从认真阅读本书开始吧！

CONTENTS

目 录

第一章
头条思维放大企业价值与品牌影响力

提升企业价值与品牌影响力的先决条件是赢得公众关注度，而头条思维的本质就在于赢得关注度，因此头条思维的作用不可小觑。企业价值与品牌影响力与企业家个人密切相关，作为决定企业未来的企业家，拥有头条思维并运用头条思维，不仅可以引起公众关注，放大企业价值和品牌影响力，而且有助于自己成为网红企业家，打造网红型企业家领导力。

第二章

头条思维模式成就网红企业家

具有头条思维的企业家选择做网红，目的就是通过塑造企业家的自身影响力，以此扩大企业影响力，实现企业的品牌传播。这一模式在移动互联网时代正在变得越来越流行。企业家们不断登上头条，不断制造话题吸引人们关注，不断发声引领社会舆论，这也是新时代企业营销宣传方式对企业家的新要求。一个拥有头条思维，有情怀、有文艺范儿的企业家，往往更容易成为网红企业家。在这里，就让我们来回顾一下那些年我们一起追捧的网红企业家。

第三章
成功企业家的八大特点

　　互联网时代，更多的企业家从幕后走向前台，成为社交媒体上网友热议的对象，成为"企业家网红"。企业家网红比一般网红具有更大的社会影响力，也具有网红的普遍特性：他们善于讲故事、用故事吸粉；有很多人都喜欢的情怀；不仅有颜值更有才华；有自己的品位；有闪光的金句广为流传；敢于自嘲、自黑，而且不怕被超越；善于利用社交媒体，以话题搏出位；更能体现价值，做社交网络"核爆炸"的引爆中介。企业家网红不是一般的网红，他们跟一般网红既有某些共通之处，又有不一样的地方，就看你能不能看懂。

第四章

头条思维的价值

　　每一家成功企业的后面，都有一个出色的企业家。微软的比尔·盖茨、GE的韦尔奇、搜狐的张朝阳、海尔的张瑞敏等，他们的一举一动都代表着企业的形象，传播着企业、品牌给公众带来的信息或者利益。按照爱屋及乌的理论，如果你对一个企业家有好感，也会对其公司的产品和服务有好感，反之亦然。由此也可以看出具有头条思维的企业领导者对企业的价值。

第五章
企业家头条思维修炼八大秘籍

企业家不仅是企业的贡献因素，他还会被视为风险因素，企业家不仅要发挥引导作用，也要限制自身的负面作用。企业家形象传播的针对性与有效性也应该通过有效的形象营销计划加以规范和发展。

第六章
头条思维实战指南

很多传统企业家们大多低调，信奉"踏实做事，凭产品说话"的风格，但是近几年，雷军、周鸿祎这些知名企业家在媒体上大出风头，连公司广告费都省了一大半，不少老板就开始焦虑了，是不是自己也该高调一点当个网红？当网红并不难，关键是实战方法。本章给出六个实战方法，帮你做一个合格的网红。

第七章
头条思维领导力修炼

　　企业家想上头条或想当网红也不是想当就能当的，想在互联网上发声，想吸引年轻人的注意力，不仅需要豁出去，还得勤于自我修炼，运用内容营销的一些逻辑。

第一章

头条思维放大企业价值与品牌影响力

提升企业价值与品牌影响力的先决条件是赢得公众关注度，而头条思维的本质就在于赢得关注度，因此头条思维的作用不可小觑。企业价值与品牌影响力与企业家个人密切相关，作为决定企业未来的企业家，拥有头条思维并运用头条思维，不仅可以引起公众关注，放大企业价值和品牌影响力，而且有助于自己成为网红企业家，打造网红型企业家领导力。

头条思维创造最大传播价值

仔细留意发展迅速的企业就会发现，几乎每个成功的企业背后都屹立着一个巨人，都有具备极佳宣传力的企业家品牌。他们代表着企业的形象，在消费者心中树立起品牌形象，宣传着企业的产品和服务。而头条思维的首要作用就是，能够创造出巨大的传播价值。

马云为什么会这么红？原因无非有这样几个：一是有钱，经常会在网络上跟王健林抢首富；二是BAT这三个字母本身就自带话题和流量包，从2013年开始马云就越来越红，这与近几年BAT颇受关注有着密切关系；三是马云有着很高的情商、口头表达能力强，网络上到处都是马云的创业语录、演讲等。

在过去对于企业来说，如果想在最短的时间里以最快的速度抓住人们的眼球，最简单的方法就是进行一场厮杀，甚至还可以跟竞争对手进行合作，将营销氛围炒热，达到双赢的目的。而如今，运用好头条思维，就能赢得员工的信赖，吸引和留住优秀人才、理顺和加强劳资关系、提高员工对企业的忠诚度，还能增强员工的归属感和荣誉感，提升企业人力资源管理的有效性。同时，更能提高企业的推广和宣传效果。

2013年新年，一则形式新颖的广告迅速在网络上蹿红，吸引了众多人群关注的目光：

"你只闻到我的香水，却没看到我的汗水；你有你的规则，我有我的选择；你否定我的现在，我决定我的未来；你嘲笑我一无所有不配去爱，我可怜你总是等待；你可以轻视我们的年轻，我们会证明这是谁的时代。梦想，是注定孤独的旅行，路上少不了质疑和嘲笑，但，那又怎样？哪怕遍体鳞伤，也要活得漂亮。我是陈欧，我为自己代言。"

看到这里，相信很多人都会知道，这就是"80后"CEO陈欧为聚美优品代言的广告。此则广告一进入网络，便以迅雷不及掩耳之势迅速走红，并被网友改编成各种版本，同时陈欧也被推向了网络的顶端，一夜成名。

现在想想，也许当时很多人都不是因为聚美优品而知道陈欧，而是先知道了陈欧才知道了聚美优品。而这就体现了头条的巨大传播价值。

说到品牌传播，过去多数企业使用的都是千篇一律的宣传方法，能从自身着眼的企业少之又少，能用自己的个人影响力去带动企业及产品的企业家更如凤毛麟角。为了提高企业和产品的影响力，企业不惜重金聘请明星代言人，在各大电视台与其他企业争得头破血流，结果却不尽如人意。

其实，与其费时费力将自己辛苦打拼而来的江山命运交给他人，不如将它牢牢掌握在自己手里。只要转变思维，只要具备头条思维，问题往往就能迎刃而解。陈欧的智慧就在于，他反其道而行之，让自己成功上了头条。

企业要想生存和发展，不仅需要打造优质的产品品牌、企业品牌，更要打造企业家的个人影响力，如此才能更好地提升企业知名度和社会声望。具备头条思维的企业家，会用自己的个人品牌向他人传递出一种积极的期望，会将自己直接呈现给消费大众，会将自己的企业和产品一起呈现给大众。一旦人们对企业的头条信息有了了解或者认可，企业的宣传效果也会大大增加。这种传播效果是潜移默化的，可以达到润物细无声的效果。

优秀的企业家都是企业的形象代言人，甚至是行业的代言人。在市场竞争日趋白热化的今天，除了"80后"的陈欧，连柳传志、王石、马云、俞敏洪等行业大佬也频频出现在人们的视野中，争夺人们的眼球。他们的个人品牌已经超越了企业本身，个人品牌所营造的社会影响力有效促进了企业的发展，使企业的社会影响力也得以提升。

在移动互联网等高新行业和很多传统行业，以自媒体为代表的企业家自明星，被一波抓住机会的企业家视为给企业提供了一次新的营销机会，并且运用灵活，成本可控。企业家之所以能够成为自明星，是因为企业家善用新媒体赢得关注，而赢得更高关注度正是头条思维的本质所在。关注度就是注意力，注意力就是影响力。

正是企业家拥有和运用头条思维，不仅使企业家自己成了明星，吸引了公众眼球，而且在一定程度上缓解了企业营销不佳的局面，重新在社会和消费者中树立了良好的形象。

营销的目的就是与用户进行沟通，而企业家运用头条思维进行营销对现代企业来说其作用是巨大的，因为营销并不是直接销售，而是实现组织对外部忠实用户、潜在用户有效交流的新型沟通方式。举个例子，如果某公司在自己的微博或微信公众平台上打出一个广告，说"今日产品全都半价"，这本质上是促销手段。

当然，企业家运用头条思维进行营销绝不是为了时不时地来一次促销，因为头条思维的本质是赢得关注度，头条思维引发的不只是单纯的网络应用或者新的传播媒介，而是一个新的沟通方式，旨在帮助企业在与利益相关者的交互中寻找新的模式和方法，建立新的管理体系，实现最高效的沟通。因此，企业家运用头条思维进行营销可以更好地满足用户的个性化需求。

对于企业家来说，头条思维的传播价值要比传统媒体的传播价值大得多。无数事实也证明了这一点，诸如搜狐的张朝阳、阿里巴巴的马云、腾讯的马化腾、"罗辑思维"的罗振宇等，他们都通过自媒体把自己打造成某个领域的自明星、专家型网红，赢得了关注度，也实现了传播价值最大化，堪称运用头条思维的高手！

总之，企业家运用头条思维进行营销，不仅是对传统营销方式的简单补充，而且是带有颠覆性的改变，也是一种商业模式和社会文化的体现。运用头条思维进行营销不仅能改变消费者生活方式和对产品与服务的再次认知，同时也能使企业获得市场博弈的主动权以及重新洗牌的机会。这是头条思维创造最大传播价值的意义所在！

头条思维是做好产品和服务的基础

不管是娱乐明星，还是普通大众，甚至是企业，只要占据版面头条，就能赚得足够的眼球。今天，在个人新闻领域，"今日头条"成了新闻争夺战的大赢家，与四大门户客户端平起平坐。然而，为了企业的发展，企业家同样需要上"企业头条"。

企业上了头条，就可以获取足够的客户信息，洞察客户需求，发现更多销售机会。

从用户需求出发，解决困难的产品和服务，是企业创新的关键所在。由此可见，具备头条思维，也是中小企业发展过程中非常重要的信息收集和决策工具。

做好产品（广义的产品也包括服务）是企业生存和发展的基础，好产品是硬道理，而衡量产品好坏的一个硬性指标是用户对这个产品的关注和赞许，关注度高并且赞许有加的产品和服务才有市场。由此可以说，注重以"第一"吸引人们目光的头条思维是做出好产品的前提。

当然，这里要把握两个关口：质量关和推广关。

运用头条思维做好产品，产品质量是第一关。从产品生产那一刻起，有头条思维的企业家就决心"坚决把好产品质量第一关"，因为他很清楚，质量是产品的生命，也是企业的生命，产品的品质直接关系到产品的质量。

头条思维注重关注度，而有质量保证的产品才能引来消费者关注，这就需要企业领导者做好产品质量管理。其要点如下：

1. 高度重视产品质量，以"好人品制造好产品"的品质理念为依托，设立质检部门，严把产品质量关。

2. 完善产品标准和严格的品质控制，产品的各项指标要符合国家规定。

3. 实现标准统一的生产流程。从材料的选用到加工的每道工序都要按照既定的生产流程操作，保证产品的最终质量。

4. 组织质量月度例会、质量管理年会，促进典型问题解决和重点工作的实施，总结质量管理经验。

5. 加强数据统计分析，不断完善质量管理信息平台，使产品质量信息沟通更加便捷，提高质量数据采集、分析、控制的信息化水平。

6. 通过宣传、培训等质量活动，提高全员质量意识，形成全员关注质量的氛围，培养公司质量文化。

运用头条思维做好产品，产品推广是第二关。这里说的产品宣传推广，其实讨论的是领导者在营销层面做决策的问题。身为企业负责人，做营销决策的关键是建立一个闭环。

建立一个闭环有四个原则：

1. 整个闭环的节点要越少越好，避免用户流失。比如一个智能硬件在微信上推广，可以找人来使用，然后分享用这个硬件的体验。这种体验式营销可以很好地说服消费者，能让看到你东西的人都能够买到你的产品。

2. 活动难度越低越好，活动越简洁效果越好。

3. 人群覆盖越小越好。每一步营销只针对一个很精准的人群，这是精准营销的主旨。

4. 节奏要越快越好。短时间内把一个渠道的性价比做到最高，这是营销最好的方式。

企业家要善于运用头条思维

在"人人都是世界中心"的自媒体时代，企业家不仅要有头条思维，更要在实践中运用头条思维，充分发挥"企业家就是企业最好的广告"这一优势。

上头条是产品推广的最佳方式，不仅可以节省一大笔宣传经费，还能实现产品的大范围快速传播。每每看到雷军、马佳佳等人轻松上头条，很多人不仅会羡慕嫉妒，更渴望熟练掌握上头条的成功秘诀。其实，说难也不难，只要运用好头条思维，你也可以上头条。

说到头条思维，首先要提的就是"三个爸爸"，因为它的成功就是因为成功运用了头条思维。

总结自己上头条的经验时，"三个爸爸"创始人戴赛鹰这样总结：

第一点，要想上头条就要主动参与到具备上头条潜力的事件中，只靠企业的影响力是无法抢到头条的，必须紧跟趋势。"三个爸爸"之所以能够成为热点，主要还是因为他们采取了众筹方式，而众筹又是当时创业圈的热点。在众筹中成了核心案例，自然也就有了上头条的可能。

第二点，要想上头条，还要将企业的事情变成大家的事情，让大家都参与进来。"三个爸爸"与京东众筹、创业家联合打造了首个千万级众筹案例，使京东和创业家将"三个爸爸"的事情当成了自己的事情。

第三点，必须调动自己所有的资源，倾注到这一件可能上头条的事情中。"三个爸爸"不仅调动了牛文文、江南春等大佬，还投资人人脉使薛蛮子、包凡等人成为天使用户。同时，三位创始人还向自己的朋友圈好友发了求助信息，请他们给予支持。想要上头条，就要放下面子，全力发动朋友圈。

第四点，要找到能调动大家关注度的社会事件。在众筹过程中，"三个爸爸"与著名演员那威进行了一次现场辩论，主题是"空气净化器是不是精神产品"。结果，让"三个爸爸"从创业圈走向了大众，进一步提升了"三个爸爸"品牌的关注度。

当然，除了"三个爸爸"的经验，"好奇心+正能量"的产品也是上头条的关键。

在上头条这件事上，不能太在意"如何上头条"，方法决定结果，而不是目的决定手段。不管进行任何形式的传播，都应基于产品。

什么是产品？制造+认知=产品。同样是一杯咖啡，装在星巴克和麦当劳的杯子里，价格就会相差很多，咖啡没变，仅仅是因为杯子变了。产品本身就是最好的营销，真正有价值的是"好奇心"，再加上"正能量"，更会让人们产生共鸣。

在"内容为王"时代，在自媒体平台生产有价值的内容可以吸引受众持续关注，从而创造持续的影响力。在实操上，企业家要能提供"干货"，即趣味化的原创知识，还要主动参与热点事件讨论、讲述有人情味的企业微故事等，此外还要建立内容生产的矩阵，即包括企业官网、企业领导人账号、产品账号及一些企业外的行业领袖的账号在内的一个矩阵。在运作思维上，是一个以企业家自媒体平台为核心的头条思维，企业家对内对外信息输出与互动都将纳入其中。

有个性才容易被人记住，也有助于维护关系，因此企业家头条思维在自媒体中的运用要注重塑造个性。自媒体中被强调的应该是"自"，是个人，多倾向以个人角色即"活人"为定位，强调魅力和个性。基于这种理念，企业家自媒体更应该注重在传播中塑造人格化的特征，而抛弃作为企业机构的抽象的面目。

著名的自媒体人罗振宇认为自媒体的本质是虚拟人格，而不是信息的集合，自媒体最后一定是用魅力人格来影响受众的。企业家自媒体要根据产品属性和企业文化，树立一种独特的气质。要将企业机构简化成一个人，用个性化的思想、情感来提供个性化的内容。所谓人无完人，人格化的企业自媒体也不求面面俱到，如果力求完美，反而会失去个性。没有个性的自媒体产生不了吸引力。

总之，"自媒体+头条思维"的方式能让企业家频繁出现在公众面前，代表自己的产品和企业更清楚地指导消费者的购买行为，而消费者也喜欢这样的引导性购买方式。未来，无论是对企业家个人还是对企业组织来说，"自媒体+头条思维"的宣传和营销方式将带来巨大变化，会产生更深远的影响。

头条思维成就网红企业家

互联网的出现，让知识不再匮乏，借助互联网人们可以随时、随地查看自己想获得的知识，打破了知识经济时代"专业"的原有界限，建立自己的专业地位。但不容忽视的是，互联网是一种快餐文化，让人们在具体内容上的停留时间上越来越短，减少了人们的长时间关注度。

知识不再昂贵，如何才能占有用户时间？互联网时代，短缺的不再是知识，而是时间和注意力，注意力经济时代悄然来临。

从概念上说，注意力经济是指最大限度地吸引用户或消费者的注意力，通过培养潜在的消费群体，以期获得最大的未来商业利益的经济模式。

在注意力经济中，最重要的资源既不是传统意义上的货币资本，也不是信息本身，而是大众的注意力。例如，"超级女声"之所以火爆，就是因为它是一种注意力经济。

"超级女声"在宣传推广过程中采取了很多方法。例如，用广泛的参与性吸引注意力；"利用争议"造势来吸引注意力；以多元化规避风险吸引注意力；以另类的"审美"标准吸引大多数普通观众；巧借他力，整合资源等，从而将人们的注意力发挥到了极致。事实说明，大众只有对某种产品注意了，才有可能成为购买这种产品的消费者。

每个企业家都要具备网红的潜质！

当种橙成为新闻热点时，褚时健又一次回到了人们的视野，"励志橙"重新刷新了人们对他的认知。从"红塔山"到"褚橙"，70岁老人的二次创业故事迅速被广为疯传。作为一个东山再起的企业家，褚时健将自己打造成了一个网红，成了一个励志符号。

褚时健是个极富争议的人物，但他却给我们提供了一个衡量个人成功的答案。褚时健的励志精神和文化符号给"褚橙"打上了独特的标签，消费者的注意力被吸引，并且滋生出一种对褚时健的敬佩和信服。在很多消费者眼中，"褚橙"是具有一定温度和亲和度的产品，吃"褚橙"就是肯定和支持褚时健，"褚橙"一炮打响。

由此可见，企业家站到台前来吸引公众的注意力，往往可以发挥广告所不能起到的作用，其吸引的眼球更集中、更持久。争夺了公众的视觉，吸引了大众的注意力，就容易在消费者群体脑海里的品牌排序之中抢先冒出头来，获得好的销售业绩。想想看，有多少人是因为喜欢张瑞敏、柳传志，所以喜欢海尔、联想？再想想看，张瑞敏之于海尔，柳传志之于联想，他们的传经论道每年要为企业节省多少广告费？

作为教育界一大巨头，俞洪敏一直都在积极地在各媒体场合抛头露面。他不仅为公司做宣传，还主动参加各种活动，包括演讲、慈善等。俞敏洪之所以能够成为大众严重的"网红"，主要就在于他擅长输出价值。为了跟学生之间建立一种信任关系，新东方出版了一系列励志书籍；同时，还通过演讲与受众建立了亲密的关系。

网红型企业家是非常有力量的，在商业社会里，最值钱的货币就是信任。新东方当时主推的"明星老师"概念，更是"网红经济"的一种呈现形式。

注意力经济注重吸引大众的注意力，其重要的手段就是视觉上的争夺，这与头条思维的赢得关注度可谓殊途归一，有异曲同工之妙。在注意力经济时代，企业家的头条思维完全可以成就一个网红型企业家。

网红与"粉丝"互动并形成黏性，就能赢得关注、吸引注意力。注意力是领导力也是生产力，更是财富，每个企业家都要有头条思维，要让自己成为网红型企业家。

第二章

头条思维模式成就
网红企业家

具有头条思维的企业家选择做网红，目的就是通过塑造企业家的自身影响力，以此扩大企业影响力，实现企业的品牌传播。这一模式在移动互联网时代正在变得越来越流行。企业家们不断登上头条，不断制造话题吸引人们关注，不断发声引领社会舆论，这也是新时代企业营销宣传方式对企业家的新要求。一个拥有头条思维，有情怀、有文艺范儿的企业家，往往更容易成为网红企业家。在这里，就让我们来回顾一下那些年我们一起追捧的网红企业家。

马云——全球价值典范

阿里巴巴创始人兼CEO马云自早年出道以来，凭着流利的英语、"外星人"的外貌、逆天的演讲水平、坦率的性格以及玲珑剔透的悟性，迅速成为老小通吃、中外闻名的全民偶像。

马云早在创业期间，就注重自己的品牌传播，最早通过当时的央视《东方时空》的编导樊馨蔓，录了《生活空间·书生马云》纪录片，至今仍广为传播。在那集纪录片里，马云坐在北京的公交车上，看着路边摇曳的灯火，动情地说道："再过五年，你们都知道我是做什么的。"果不其然，五年后的马云已成为全民创业偶像，借助《赢在中国》，其直击心灵的点评迅速走红。

在社会活动方面，马云参加了很多立意高、影响力大的活动，比如出任TNC（大自然保护协会）中国理事会主席，APEC资源工作委员会主席，出任全球生命科学突破奖基金会理事，向自己的母校杭州师范大学捐赠1亿元，等等。马云与全球政要广泛联系，比如克林顿早在"西湖论剑"时就是座上宾，受默克尔邀请在德的英文脱口秀，与卡梅伦在上海的自拍，与奥巴马在APEC峰会的爆笑对话，都起到了广泛的"吸睛"作用。

此外，马云进军娱乐圈，成为华谊的股东，与赵薇合作，马云的光芒早已盖住了众多娱乐大腕。在马云势单力薄之时，更是借助金庸的名头搞起了"西湖论剑"，在金庸迎来92岁生日之际，马云更是发视频庆生。湖畔大学，囊聚天下英才而教之；桃花源油画，跨界进入绘画界，在苏富比拍下3400万人民币的天价。

天下的红人很多，但没有一个是相同的，如乔布斯、比尔·盖茨、马云等，每个人都是自己内在精神塑造的外在印象。下面说说马云的网红印象。

马云的个性印象是"率真灵敏"，在他的世界里，不仅有钱。他喜欢武侠小说，喜欢金庸，早年势单力薄之时，曾经借助金庸的名头搞了几届"西湖论剑"。马云热爱太极拳，从河南温县陈家沟请来太极拳高手做自己的师父兼保镖。

马云具有很强烈的使命感，这应该是马云作为全球价值典范最鲜明的体现。使命感是一种向上的力量，一个没有使命感的企业，很容易迷失方向，使命感其实就是一个终生奋斗不可达的目标。马云在创业之初，就将阿里巴巴的使命感定义为"让天下没有难做的生意"，在这一使命感的牵引下，阿里巴巴制定了自己独特的价值观。在阿里巴巴，价值观是决定一切的准绳，招什么样的人，怎样培养人，如何考核人，都要坚决彻底地贯彻这一原则。从此，不乏激情的阿里巴巴有了越来越明确的方向感。

对于网红创业，马云曾经发表过这样的观点：在我看来事情是这样的：创业，这个词就和歌词里说的一样，是一杯上瘾的毒药，在很多人眼里，创业就是赚大钱的开始，而且是立刻、马上；并且会去不断地炫耀，在短时间内能洞见其中的困难和把产品运转，也就是肯定会交学费。对于在这个过程通过媒体等方式营销自己的行为，我称之为网红式创业。网红是在这个时代以最小的代价成为非授权式公众人物，并通过自我价值观的推荐而获得商业价值的人群。即便不能成为网红，也需要有网红式的创业思维，在策划营销活动、在编写宣传文案、在创造内容的时候都需要极度个性化并且符合用户需要，才能在弯道漂亮地超车！

▶▶ 雷军——乔布斯之后，唯有雷布斯

　　小米科技创始人、董事长雷军对乔布斯的崇拜不用多说，在雷军的数千条微博中，特别是2010年到2011年间的微博里面，很多内容都是关于苹果和乔布斯。这也能看出，雷军已经将乔布斯看作自己的榜样，希望让小米成为中国的苹果。2011年8月16日小米手机发布会上，雷军穿着黑色T恤和蓝色牛仔裤站在台上，如同乔布斯在苹果iPhone发布会上的形象一样，雷军举手投足间都有乔布斯的身影，于是发布会后雷军也获得了"雷布斯"的称号，对此称号雷军也几乎默许了。

　　雷军在大学时代就已是百万富翁，在金山时已是IT界的风云人物，彼时的周鸿祎、马化腾还对雷军高山仰止，而刘强东还在中关村苦哈哈地上班。虽然那时雷军足够努力，也足够成功，但始终在二线企业家的阵营里徘徊。直到小米的横空出世，那场破空的演讲，成为此后所有手机发布会的模板，后来者黄章、老罗、余大嘴都沿袭这一路线，将手机发布会推陈出新，使其不亚于任何一个影片发布会，令人赞叹。

　　视频直播是2016年的另一个风口，雷军当然不甘落后，走进直播间过了一把网红瘾。2016年5月10日，小米正式发布大屏旗舰手机小米Max与新一代手机操作系统MIUI8。为了宣传小米Max和MIUI8，雷军一晚

上通过小米直播跟网友聊天。雷军在直播中不断要"掌声"，要"送花"。在这场手机视频实时直播中，不断有听众给雷军送"花"、送"游艇"、送"保时捷"。雷军会不时地念出这些给他送礼物的人的昵称。据不完全统计，在两个小时的直播中，有20多万人在线观看，"网红"雷军获得了70万张星票。他还打趣道，自己已经成为小米内部第一网红。当然，在做小米手机超级推销员的同时，雷军也感叹做"网红"不容易。

2016年5月25日晚，雷军独自完成了小米史上第一场纯直播：发布小米首款无人机。整个过程历时一个多小时，据雷军在直播中表示，仅仅在小米平台上，同时在线人数最多时逼近50万人，导致直播后半段频频卡壳。雷军直播开场并没有直奔主题"无人机"，而是表示："手机直播这一伟大的时代来临了。这种方式以全新的互动形式，动员企业家也来玩一玩。"他提到，Facebook在上个月的开发者大会上提出了为开发者打造一个直播平台的想法。扎克伯格当时表示，视频直播将是互联网社交未来的一大趋势。雷军也毫不掩饰自己想成为"网红"的想法，他表示："扎克伯格说，直播是激动人心的时刻，其实我也是这么认为的。我自己就想成为网红。"

作为小米的超级推销员，雷军走这样的富有娱乐精神的"网红路线"，无疑拓宽了小米与"米粉"的互动渠道，也不失为很好的营销策略。值得注意的是，雷军的"网红路线"不仅止于此，雷军的风口论和互联网思维七字诀，更是广为人知。

关于风口论，很多人都知道，小米雷军曾有一句著名的语录："站在台风口，猪也能飞起来。"雷军在2013年11月一次接受著名主持人杨澜采访时说："把握战略点，把握时机，要远远超过了战术。一头猪在风口，台风大，它就能飞起来。"那时的小米发展得顺风顺水，在整个2013年里总计销售了1870万台手机，这对于一家新创的手机厂商来说，成绩可谓辉煌。

雷军风口论诞生的两年时间里，国产手机厂商群雄并起，智能手机已经相当普及。这个时候，国产手机厂商其实已经不存在什么投机机会和风口。因此，国产手机厂商走到了一个十字路口，开始面临一个问题，那就是在台风不在时，是等风来还是自造风口？对于这个问题，雷军在2014年12月9日的一条新品沟通会的微博上，采用自问自答的形式给出了自己的回答：找个风口，等风来！

其实，等风来太被动，自造风口是趋势。特别是在今天这个飞速发展的智能科技时代，机会稍瞬即逝，产品和技术更新速度很快，在起风时的借势而起是顺势而为，但在没风的时候被动地找风口或等风来还是相当危险的。因为对科技互联网行业来说，产品和技术创新依然是每家公司的立身之本。纵观智能手机与互联网行业发展的这些年，凡是目前还在市场上处于不败之地的巨头基本上都是依靠技术创新来驱动自身发展的，而不被动等风来，主动求变和创新可能就是一个自造风口的方式。就拿2014年10月上市的华为荣耀4x来说，在此之前，智能手机的厂商一款手机基本上只会出三个版本，移动版、电信版和联通版，而荣耀4x却推出了全网通版本，同时兼容移动、联通和电信，找到了用户更换手机卡时的一个产品痛点。同时搭载自主研发的麒麟620处理器，降低额外购买处理器成本，在性能超越同级产品的同时更让这款产品以799元的起售价格亮相市场，迅速打破千元机市场性价比格局，引爆消费者的购买欲望。这是自己创造风口的小案例。事实上，在智能手机行业竞争越发激烈的今天，国产手机厂商们必须认识到提升自身的产品和技术方面的硬实力的重要性，而这也是大势所趋。

关于互联网思维七字诀，这是雷军最广为人知的创造，即"专注、极致、口碑、快"。雷军认为，"用互联网方式做企业，就是用'七字诀'做企业。"在互联网时代，按照"七字诀"的方法去做任何事都会战无不胜、攻无不克。雷军用这一整套方法论创办了小米手机，也帮助很多朋友创办公司。雷军对"专注、极致、口碑、快"做了如下解释：

关于互联网思维"七字诀"，这是雷军最广为人知的创造，即"专注、极致、口碑、快"。

对于"专注"和"极致"，雷军认为，简单的东西往往能积聚力量，只有专注，才能做好，才能达到极致，而且做到极致的时候是不可能被抄袭的；同时，简单的东西虽然难做，但容易传播。做一款产品，只要坚信你的东西是最好的，就具备了成功的前提。小米有1500人的研发团队，只做一个手机，专注于每一个细节，"我们要先把自己逼疯，才能把别人逼死"，这种追求极致的精神让小米能够快速成长。

口碑在互联网时代至关重要，因为互联网把用户的沟通成本降到最低，用户对一个产品的使用感受可以直接在网上发表，所有的人都能看到，互联网的优势是让信息传播更加容易，更加透明。因此，只有把产品做好，才能让用户给予好评，让更多的用户来购买产品。口碑的真谛不是人家说你好，说你便宜，而是有超越用户的期望值。口碑的核心是超越预期，雷军很明白这一点，所以他在小米创业初期强调：我们一定要保密，一定要足够低调。

快，是指互联网时代，所有的一切变得很快，比如信息的传播速度很快、产品的更新很快、芯片的更新很快、物流的送货速度很快等，只有快，才能得到用户的心。如今的互联网就是要快，因为速度慢的话，在今天互联网领域基本是没有机会的，因此在确保安全的情况下提速，是所有互联网企业最关键的问题。事实上，快就是一种力量，你快了以后能掩盖很多问题，企业在快速发展的时候风险往往是最小的，当你速度一慢下来，所有的问题都暴露出来了。雷军坚信"天下武功唯快不破"，所以他每天都在焦虑小米可不可以更快一点。

雷军认为，"用互联网方式做企业，就是用'七字诀'做企业。""这些年里，在互联网行业里，我觉得最最重要的就这七个字：专注、极致、口碑、快。"雷军用这一整套方法论创办了小米手机，也帮助很多朋友创办了自己的公司。

总的来说，雷军所走的"网红路线"，一方面是在社交平台上保持着高活跃度，另一方面是他的思想言论。善于推广、富有内涵，这恰恰是作为一个网红企业家不可忽视的两个重要特质。

周鸿祎——红衣教主

奇虎360创始人周鸿祎因为总是穿着一件红色T恤，他还说正反两面都能穿，一件能穿好久，家里衣柜中几乎是同一品牌、同一款式的红T恤。他的绰号"红衣教主"由此得名。当然，除了因为他爱穿红色T恤，还因为他的创业史就是一部"战争史"。为什么说是战争史？周鸿祎自出道以来就四处树敌、十面埋伏，结怨腾讯，败诉于百度，狠怼酷派，封杀马云，暗战金山，明枪瑞星，起诉一起吃过早餐的小米……以这种独特的方式，行走于互联网江湖，但往往以其"浑不凛"的战斗风格，做到不吃亏，周鸿祎，绝对是一个颇具话题性的人物！

周鸿祎的话题性是从初长成的"红衣大炮"开始的。当年28岁的周鸿祎离开方正创立"3721"，取自"不管三七二十一"的意思，这个中文寻址系统，实际上是搜索引擎的萌芽。随后，"3721"大获成功，一度覆盖90%以上的中国互联网用户，2002年，3721的销售额达到2亿元，毛利6000万元。但是"3721"的"强制安装"模式却饱受诟病，一方面积累了巨大的用户量，一方面也遭到了用户和媒体的一片骂声，周鸿祎也在其中承受了巨大的压力。2003年，"3721"公司接受雅虎收购，周鸿祎其后就任雅虎中国总裁。

　　入主雅虎后，周鸿祎经历了团队整合的阵痛与产品突围的胜利，同时也更给予他机会，认真思考了今后创业的模式。雅虎收购"3721"之后，第一次全员大会就让所有员工见识到了"红衣大炮"的威力。周鸿祎在上面讲话，下面的部分员工却在用雅虎通聊天，收发邮件。周鸿祎要求大家开完会再聊天，员工却不以为然，周鸿祎随即强制要求所有人必须关掉电脑，"中国的文化就是该干什么就干什么，谁再不关电脑，我请人将电脑从窗户扔出去。"

　　在业务和产品层面，周鸿祎用一搜在MP3搜索上超过百度，又甩开几家门户把雅虎邮箱做到第二，给雅虎的发展打上了他独特的烙印，而他实现突围的打法，也为日后创立360积累了不少"战争经验"。搜索引擎第一战，周鸿祎通过 "中国最大的娱乐音乐搜索"这一独特的市场定位，提高认知度，实现规模的高速增长，最终让"一搜"在MP3战场超越了百度。随后，通过"1G免费邮箱"，周鸿祎让雅虎邮箱业务成功挤进前三位，又通过跟联众、携程、当当、265等12家专业网站建立电邮联盟，让当时的邮箱业务老大网易捏了一把冷汗。这种通过寻找竞争对手以及用户的痛点，全力攻击，短期内看似牺牲了一部分利益，但换取长期胜利的打法，也成了日后360攻城略地的不二法门。

　　2005年8月，周鸿祎在执掌雅虎中国18个月后离开。离开雅虎中国之后，周鸿祎的第一步是做天使投资人，投资了包括迅雷、酷狗等多个知名的互联网产品。2006年，蛰伏一段时间后，周鸿祎出任奇虎360董事长，并迅速推出免费安全软件"360安全卫士"，紧接着推出的360安全卫士、浏览器、游戏、搜索，周鸿祎不断地颠覆着中国的互联网行业。2011年，奇虎360公司正式在纽约证券交易所挂牌交易，随后360的股价一度走高到124美元，市值过百亿美元。

360的崛起，不断挑起和业内其他公司的纷争，3Q大战、3B大战、和雷军的口水战……360的成长史可以拍成一部《那些年，我们一起战过的大佬》，很多人都说周鸿祎是靠"搅局"而生，对此，他坚持认为自己只是"做对用户有价值的事"。360在软件方面取得了巨大的成功，而凭着骨子里的"好斗"基因，周鸿祎杀入了硬件的战场。

入局之初，周鸿祎就深知这片市场"早已不是红海，而是一片'血海'"，但他依然义无反顾。2014年，360投资4亿美元与酷派组建合资公司，相比前几年的失败经历，周鸿祎的再次启程似乎带着必胜的决心，临行前，他发布内部邮件《带上AK47，跟我到南方做手机》。

关于新手机的研发，周鸿祎在硬件和软件上都有许多自己的坚持和强硬，包括必须做自己的ROM，手机的边框要尽量做到最窄，电池应该达到4000毫安，同时又要保证纤薄等，手机研发团队为此也经常受到"红衣大炮"犀利的"点评"。品质的坚持，必然带来成本的提高，而周鸿祎在这方面丝毫不给自己妥协的余地，他深知"产品的颜值以及解决用户痛点是目前的首要矛盾，而不是成本"。

手机并非360进军硬件的终点，过去几年，周鸿祎投资了近200家公司，其中有几十家硬件公司。目前，周鸿祎正在制定360生态链的合作标准，他表示，希望360在未来成为一家提供安全感的公司，不再是仅仅提供互联网安全，而是提供更广义的互联网安全生活方式。比如，用路由器保护整个家庭网络，用手表保护孩子，用摄像头保护老人。而这个愿景，又深深地打上了周鸿祎产品经理的烙印。

如今的互联网时代已成BAT格局，似乎形成了三足鼎立，但未进入的也未必不是猛类，周鸿祎就不可小看，现在他已经是中国互联网界的一代"枭雄"。十年前，周鸿祎追求用户规模和下载量，他采取的手段引发了太多争议；十年后，他坚持"只做对用户有价值的事"，争议依旧存在，或者应该说争议永远都会存在，而身在其中，坚守自己"一切从用户出发"的初心，才是周鸿祎的最深体会。

作为网红企业家，周鸿祎不仅对红色T恤钟爱有加，他还在微博里常晒自己与爱犬的"亲密"合照。除了养大狗，他还喜欢户外运动，周鸿祎爱玩真人CS和攀岩，CS每月必玩一次。他也酷爱古典音乐，他亲手设计的硕大的音响非常拉风，可见在产品经理的外表下，他也有一颗文艺青年的心。

这里不妨说一个有趣的例子。在第二届世界互联网大会的分论坛上，周鸿祎依然一身红衣现身。当时有一张雷军看周鸿祎在现场打瞌睡的照片刷爆朋友圈，潘石屹在微博调侃道，这张照片堪称"本届大会最佳照片"。马云调侃说："我刚才在网络上看到周鸿祎发的微博，一夜之间世界全变了，他一下子成为最老的网红。"周鸿祎事后对在会场睡着道歉说："对不起，昨天实在太累了，睡了一觉。一觉醒来，世界就变了。为什么？因为有了手机。"其实，从周鸿祎抵达乌镇后，就开始用自家手机狂拍，找刘强东、张朝阳等自拍测年龄，手机几乎不离手，周鸿祎成为网红，他也是蛮拼的。

冯仑——自媒体金句大咖

万通控股董事长冯仑是一个新媒体新锐，2015年11月23日，微信公众号"冯仑风马牛"上线，24小时"粉丝"就超过3万。冯仑的自媒体是团队化运作的，有文字，有脱口秀视频。冯仑用"浅入深出""似非而是"的特有方式，跟广大"粉丝"聊风马牛不相及之事，一起行走看世界。

冯仑是一位商业圈子达人，长江有他，正和岛有他，中国企业家俱乐部有他，企业家圈子，冯仑几乎无处不在。作为一个精通企业战略、综合管理、策划咨询、公司战略、公司治理的管理咨询专家，冯仑有许多经典语录。下面先来看看"冯式语言"，分享他的一些商道感悟和快意人生：

1. 职业董事长的三件大事：第一，看别人看不见的地方；第二，算别人算不清的账；第三，做别人不做的事情。

2. 学好要有行动力，这是成事的基础。

3. 起点公平就像运动会上跑步，枪一响，大家都从同一起跑线出发，但速度总会有快有慢，否则刘翔也当不了冠军。强调起点公平暗含着终点上是有差距的、不公平的。

4. 大钱是生产资料，小钱是生活资料，想吃肉就吃肉，就是幸福；人类的很多痛苦都跟时间不自由有关，睡觉睡到自然醒，时间自我支配，就是幸福；角色和身份常让人不舒服，假如你不介意自己的角色和周围人对你的评价，而是有自己的是非标准，那么你就幸福了。

5. 必须要志向非常远大，毅力才会顽强。过去常讲"君子立恒志，小人恒立志"。一个伟大的人一生选择一次，一个平凡的人每天都在选择。

6. 一件事、一个公司，其价值往往并不取决于它本身，而是取决于它所存在的时间，生命力越久就越有价值。所以，一个伟大的人或者杰出的企业家，你要想拥有未来的事业，首先要对准备付出的时间在内心有一个承诺：一生一世，还是半辈子、三五年。

7. 无论企业如何发展壮大，无论何时何地，都不能忘记创业的艰辛，不能忘记做人的准则，不能忘记企业肩负的社会责任。这就是要艰苦奋斗、刻苦忍耐、不断进步。这是万通企业文化中最具代表性的精神。

8. 管理者和创业者要有适度的区分，创业者可以作为股东代表，管理者发挥管理作用，这就是我们说的"经理职业化"……我们要使股东安于股东地位，经理安于经理地位，让人力资本与货币资本很好地结合。

9. 伟大是熬出来的，"熬"就是看你能否坚持得住。不是指每一个细节都想到了，而是在特别痛苦的时候坚持住了，并把痛苦当营养来享受。

10. 一个管理者容易犯错误的地方在于，弄不清楚管理自己还是管理别人。公司领导者管理自己永远比管理别人重要，行为管理、行为矫正的关键是校正自己的行为。伟大的人管理自己而不是领导别人。

11. 过去，我们老以为伟大是领导别人，这其实是错的。当你不能管理自己的时候，你便失去了所有领导别人的资格和能力……伟大首先在于管理自己，而不在于领导别人。

12. 人生最重要的还是应当在价值观的培养上下功夫。在价值观上的投资相当于给人生装上一个GPS，人生观就是人一生的GPS，有了它，在人生的任何时候都能找到方向，找到了方向，一个人就有了生存能力。

在冯仑眼里，网红是高度人格特质的内容制造者。现实中，尽管很多网红被贴上了个性、创意和幽默等共性的标签，但"内容为王"这一定律却在更大程度上主宰着靠网络栖身的网红。对于网红而言，要想走得长久，离不开持续推出的大众喜闻乐见的内容，还要有能力将内容发布渠道升级，进而引领消费习惯。在这方面，冯仑在微信公众号"冯仑风马牛"中有一篇文章叫《网红的速朽》，强调"眼球经济"时代"内容为王"对网红的重要性。

在这篇文章中，冯仑首先对网红的定义做了阐述。冯仑曾经接触过许多做网红的人，有人对他说网红应该有一定的标志：一是要有50万以上的"粉丝"，当然这些"粉丝"主要是指在微信或直播上的"粉丝"；二是能带来流量，而且能创造收益和持续被关注的网上红人。有人对他说，做网红就是展示才艺，直播上的大部分网红都是这样的，就是靠一些才艺表演而成为网红的；有人对他说，网红的定义现在有很多说法，自己也很困惑。

对于网红的定义，冯仑认为，网红无非就是一个媒体上的红人。他说："在以前的报纸时代，很红的人叫'闻人'，比如'上海（楼盘）滩十闻人''北京（楼盘）城闻人'，这个闻是新闻的'闻'。闻人，就是有名的人。后来，到了杂志时代，再到电视时代，无非就是换个叫法，'闻人'又成了电视上的明星，或者叫名人。以前的那些闻人，他们也赚钱，只是每个人的特征不一样，赚钱的方式也各有不同，但并不会被冠上'经济'两字，比如'闻人经济'之类。而现在的网红，已经形成了一个经济利益关系的链条，形成了所谓的'网红经济'，甚至有专业的公司来经营这种网红经济价值链上的各个环节，进而形成了一种有规模的产业。"

冯仑认为做网红很容易，问题是如何持久地"红"。冯仑指出：眼下最火的网红能赚钱，这方面也有极端的例子；同时，现在网红的总体年龄都偏小，会不断利用移动互联网上的各种方式来增加自己的关注量，或者通过线下的一些活动，甚至通过一些流量上的操作来抬高自己的人气。实际上，当一个人被人们关注、被媒体塑造成一个焦点，然后利用这种关注度来牟利，这并不是一件新鲜事，以前可能就叫"纸红""视红"或者"电红"，只不过是现在加上了"网"字，就有了时代特征。

　　要想"红"得持久，冯仑认为要实现产业化。也就是说，必须"使一个网红能够带有几十万或上百万的流量，然后不断挖掘出跟他的人格特征相吻合的产品进行营销。这些产品的发掘、制造、宣传和物流都由各个专业公司负责，通过这种自带流量的电商方式持续地做，使网红、产品、'粉丝'之间产生强烈的互动，从而使网红们的价值观输出成为护城河，最终形成品牌，这就是所谓的'第三代电商'。"

　　在这一过程中，要把一个"粉丝"转化为购买者，其实并不容易。那么，什么样的"粉丝"是愿意购买产品的？什么样的"粉丝"是只关注不购买的？冯仑分析说，有很多所谓的"粉丝"关注只是图热闹，这样的"粉丝"是不会掏钱买产品的。"只有当'粉丝'对网红的相貌、价值观、人格特质都非常喜欢、迷恋甚至上升为信仰的时候，才会把网红的一举一动带入到自己的生活场景，也才能完成购买环节。

　　冯仑在文章中阐述了"内容为王"的重要性。"要把围观者变为追随者，最重要的是网红本身要输出自己独特的价值观，而不是输出一两个搔首弄姿的形态。这时，输出价值观的网红，其实就变成了一个内容的制造者，要持续地制造出让人喜欢的内容。"其实，网红把自己变成了一个内容制造者并非易事。"要做到这一点不仅要有足够的知识储备、生活阅历和观察问题的独特视角，还要能够一以贯之且准确清晰地表达自己的价值观，更重要的是，网红自身的行为还要和自己表达的价值观是完全吻合的，说到也要做到，做到的事情再说出来，才会更感染人。"

　　那么，网红如何才能成为一个内容制造者？冯仑强调指出：一个内容制造者，只有持续地输出令人信服的、受人欢迎的价值观，才能够持续地让你的追随者有一种精神上的寄托，同时也愿意为此付出一定的代价。所以，有持续生产内容能力的网红，实际上是有非常强的人格特征的人，而这种人格特征表现出来的就是价值观，并且这种价值观是其他任何网红不能够模仿的。一旦到了这样的境界，这种类型的网红就变成了某一个价值观的符号，因此也就成了追随者心目中的精神领袖，在这种情况下形成的电商活动才具有持续的价值。一个网红要想长生，要想持续地创造价值，核心还是要持续地生产内容，而这些内容必须带有一种明确价值观的符号，这种价值观又能满足当下一部分人的内心寄托，同时也使这一部分人有了更明确的生活方向和事业走向。

对于网红的价值观，冯仑在文章中首先旗帜鲜明地亮出自己的观点：网红如果脱离价值观，必然速朽！在冯仑看来，作为一个网红，其价值观并不一定都是高大上的，有的甚至可能是低小下。为了证明这一点，冯仑举了两个例子。第一个例子是有一个叫"虚度时光"的公众号，它的价值观就非常清楚，反对当下的人什么都要求有意义，什么都要能挣钱，什么都一定要和物质利益联系在一起，使生活非常乏味。"虚度时光"所强调的价值观就是虚度时光，就是让我们的每一天、每一个时刻不一定要活在金钱和物质当中，而要活在自然的美好、人性的美好、生活的美好当中，也就是说把时间放在一些美好的事物上，而不一定要把时间都拿来赚钱。这个价值观猛一看不很高大上，但是只要他表达得非常清晰，一样能影响很多人，甚至给很多追随者带来一种兴奋感，于是很多人开始理直气壮地去旅行，理直气壮地去挑选美食，也理直气壮地去听音乐、看画展，甚至晒晒太阳、发发呆。第二个例子是冯仑自己的微信公众号"冯仑风马牛"，其所倡导的价值观是"自由与创造"，表达价值观的方法就是"浅入深出讲故事，似非而是观世界"，强调精神的自由、生活和生命的自由状态，同时，也去创造美好的事物，去探索我们不知道的世界，无论是文学的创造、科技的创造，还是思想的创造，总之，在追求自由的状态下，同时去创造一些能给我们生活和社会提供更好选择的可能性。

总之，网红并不是什么高不可攀、遥不可及的事物，也不是一个让我们琢磨不透的神话，我们可以把网红归结为一种事物现象的符号，归结为一个具有高度人格特质的内容制造者。

陈欧——我为自己代言

聚美优品创始人兼CEO陈欧16岁留学新加坡时，曾成功创办在线游戏平台GG-Game。他在26岁时获得美国斯坦福大学MBA学位，2009年回国创业，迅速成为中国"80后"青年的创业榜样。2012年、2013年，陈欧两次荣登福布斯中文版评出的"中国30位30岁以下创业者名单"，并荣获"2014年中国互联网十大风云人物"称号。陈欧是纽交所220余年历史上最年轻的上市公司CEO，其所持股份市值超过11亿美元。陈欧至今仍是斯坦福MBA学习的典范。

企业家网红常常为自己代言，在这方面不能不提陈欧。聚美的发展史和陈欧的"网红之路"密不可分，正可谓应了陈欧的那一句"哪怕遍体鳞伤，要活得漂亮"。下面让我们一起来看看他的"代言之路"。

从2010年3月5日陈欧加入新浪微博，2010年11月23日发布第一条新浪微博，从个位数的粉丝、转发、评论到如今3000多万粉丝，数十万的转发、评论，陈欧的进击也带来了聚美的复盘。

陈欧通过"非你莫属""陈欧体"赚尽了眼球。以营销见长的他深谙这种明星企业家的身份，用来博用户欢心、赚取销量，成本低廉且无往不胜。你见过陈欧在广告中老道成熟的气场、不逊于真正的明星；你笑过陈欧在微博上的嬉笑调侃，与真正的段子手平分秋色。的确，一位帅气、幽默、少年得志、有明星光环，还做着成全千万女性美丽的事业的海归，容易吸人眼球！

2013年3月1日，聚美首度展开代号"301"的降价促销，仅301当天，聚美的百度指数飙到100万，UV翻了15倍，销售额创下10亿元，刷新了天猫在2012年破10亿的"双十一"促销活动的百度指数，成为2013年最闪亮的开年大促。然而陈欧却将首次301称作聚美史上的"滑铁卢"。网站崩盘、爆仓、送货延迟、客服电话被打爆、几十万用户十几天都收不到货，尽管陈欧和其他高管一再发表道歉声明也难消用户心中的怒火，"网红"陈欧引来骂声一片，甚至有人说，陈欧是一个只知道上电视、上网、不务正业的企业家。陈欧明白了，"水能载舟、亦能覆舟"。

一副好牌烂在手里，陈欧不平、委屈，内部技术和仓储的直接负责人的错误全部被算在自己头上，后来，有人对他说了一句话，他释怀且成长了——"当你承受了所有的掌声和鲜花，那你也可能会吃所有的屎。"

2016年3月1日，聚美六周年，"301"又一次来了。这一次，陈欧准备十足，在微博上呼风唤雨，提前发布了好几个版本的APP进行大促前的公测；造势不断，每天在微博上轮番抢口令红包；开启集星卡发送无限制红包，微博参与互动转发人次均值以数十万计。更有用户对集星卡造势活动调侃道："答应我！不要让集星卡变成春晚的敬业福，好吗？"

在陈欧"代言之路"中，"陈欧体"可谓他为自己代言的经典："你只闻到我的香水，却没看到我的汗水；你有你的规则，我有我的选择；你否定我的现在，我决定我的未来；你嘲笑我一无所有不配去爱，我可怜你总是等待；你可以轻视我们的年轻，我们会证明这是谁的时代。梦想，是注定孤独的旅行，路上少不了质疑和嘲笑，但，那又怎样？哪怕遍体鳞伤，也要活得漂亮。我是陈欧，我为自己代言。"

这个2013年陈欧为公司拍摄的"我为自己代言"系列广告大片，引起了"80后""90后"的强烈共鸣，在新浪微博掀起"陈欧体"模仿热潮。至此，互联网上流行起了类似"你有××，我有××。你可以××，但我会××……但那又怎样，哪怕××，也要××。我是××，我为自己代言！"

在微博、微信等新媒体与自媒体横行的时代，消息的传播是十分便捷与快速的。在这里，我们不妨借"陈欧体"大热这一事件来探讨一下网络营销的问题。

仔细观察"陈欧体"，它所体现的是一种充满自嘲、自信、奋斗的精神，契合了当时很大一部分人的心理。再加上陈欧是聚美优品的CEO，一个在人们看来是名副其实的成功人士，励志榜样，这样的句子在一些网络营销专业人士的引导之下，很容易使其在微博等平台上流传、模仿。

事实上，"陈欧体"在当时大热，除了陈欧的个人因素，还考虑了产品的市场定位、目标人群、品牌形象以及执行和策划等。在定位方面，"陈欧体"最成功的一点就是定位稳准狠，因为很多女人（目标消费者）都爱霸道总裁，男人（喷子，捣乱的）都爱"草根"逆袭，从来没有一个人如此完美地（暂时）诠释了这个形象。由此看来，不是随随便便一个"草根"打打鸡血就能成为全民励志偶像，想模仿陈欧，还必须有实力垫底。在执行和策划方面，"陈欧体"肯定是团体作战、深思熟虑、详细规划、深谋远虑，并且必须舍得花钱，网络营销成本绝对不低。而且不能单纯地制作网络营销，如果没有硬广传统媒体的铺垫和跟进，不会有信服力。

纵观聚美优品此次的成功，还是因为其抓住了用户的心。这是一场经过精心策划的营销案例。随着聚美优品电视广告的播出，其在天涯论坛、百度贴吧等知名BBS社区大量发帖，要求网民根据所谓"陈欧体"对出自己的"陈欧体"。同时，微博营销、SNS营销也紧随其后。通过推广手段，一下子让"陈欧体"在社会化网站中变成了流行语。由此可见，聚美优品此番在类似人人网这样的SNS网站上还是下了很大的功夫的。

"陈欧体"案例给草根创业者带来的值得学习的地方是：第一，应该抓住用户的痛点，激发网民的兴趣才是最好的推广。第二，SMO（社会化媒体优化）中已经出现了越来越多的经典营销推广案例，我们也需要用好微博，用好人人网、开心网。这些社交网站带给我们的收获往往要大于搜索引擎。第三，营销推广我们的网站，需要定位好方向，制定详细的营销推广计划，不要梦想自己会莫名其妙地出名，任何出名和火爆的东西背后都是经过精心策划的。第四，营销应该向多元化发展，将传统的社会化站点与新的社会化站点相结合才是王道，要善于整合资源。第五，对于创业者，应该考虑好和媒体的关系。想想怎样利用媒体渲染自己的产品和网站，媒体往往会给你带来意想不到的收获。

值得一提的是，作为网红企业家，陈欧自然不仅仅以"陈欧体"为自己代言的形式活跃在人们面前。2016年1月27日，在聚美优品举行的公司年会上，陈欧对外公布了聚美最新的业务方向。他认为，当前电商正处于对流量和新增客户极度饥渴的现状，聚美将进军影视文化，打造"时尚娱乐+电商"的新模式。陈欧表示，在未来的布局中，电商只是聚美的一小块，它只是属于服务、价值变现的方式。聚美会开辟更多的新业务，整合影视、明星、网红、内容各种资源去创造影响力，靠影响力带来流量和用户，三年内打造成中国影响力最大的颜值经纪公司。

2016年11月陈欧在中国电子商务研究中心对他的访谈中，就曾谈到了聚美优品在"颜值经济"中加速娱乐化转型的问题：自年初提出"颜值经济"，2016年聚美优品一直在加快娱乐化转型。3月推出直播功能后，包括郭敬明、赵丽颖、薛之谦、佟大为、rain、金宇彬等超过百位国内外当红明星先后亮相聚美直播，创造了最高峰累计观看人数突破700万的记录，"品牌+明星+直播"的模式同时为聚美合作的各大品牌带来了曝光量和销量的激增（魏晨直播1小时，卖出30000支BB霜），达到品牌、明星、平台的三赢。网红直播是聚美2016年发力的重点，"双十一"期间约50名当红主播实时直播聚美大促，直播超过2100小时，累计观看人数达5600万，成为"双十一"的主要营收渠道之一。除此之外，也将聚美影视的发展提到了战略重点，聚美不仅与《爵迹》《28

岁未成年》等商业大片达成联合营销合作，还做了直播电影节、明星专访、影视活动，通过平台与新媒体的营销实现数亿次的曝光和百万级的票房销售，而且也加入《一年级》《我是直播歌手》等热门综艺的海选以及制作过程，全力打造"全娱乐平台"。陈欧还谈到了聚美优品的独特优势，即极速、低价和好货，并说未来主要的发展方向应该是内容电商，即购物场景化的搭建、购物体验的升级。

李彦宏——明明可以靠颜值，偏偏拼实力

百度公司创始人、董事长兼CEO李彦宏在中国企业家网红中算颜值非常高的一位，与众多企业家相比，其长相出类拔萃。2017年2月17日，李彦宏撕掉白马王子的外衣，与探险家贝尔·格里尔斯在野外生存真人秀《越野千里》中"豪放"演出：捡牛粪、赤裸上身、浑身抹泥、割牛皮、吃牛心，游过高原地区的冰冷河流……如此"大尺度"展示，让人大跌眼镜。尽管李彦宏声称"没想那么多，就是好玩"，但是活脱脱一副要做网红的节奏。

拥有高颜值的人不一定能成为网红，但高颜值绝对有助于一个人成为网红。而对于在长相上占据了企业家网红先天优势的李彦宏来说，明明靠颜值可以成为网红，但他偏偏靠实力，从20岁开始奋斗，到如今的不惑之年，已经成了人生的大赢家。

20多岁的年轻人，大学毕业后去企业工作几乎是多数人的职业轨迹。李彦宏的20岁与很多人的20岁并无二致。可能唯一不同的是，李彦宏选择了自己喜欢和擅长的职业，并成了这个领域中的专家。

对于90年代留学美国的中国学生来说，大多都是抱着读一个博士学位的目的去的。读了博士学位之后，可以回国做研究，去大学里当教授，这在很多人看来是个不错的选择。但是就读于美国布法罗纽约州立大学计算机系的李彦宏却选择一条与大多数人相反的路，那就是获得博士入学资格之后，却毅然放弃这一机会，选择直接进入企业工作。

李彦宏的第一份工作是去华尔街做实时金融信息检索，这份工作让李彦宏获得很高的收入，才26岁就可以租得起一套公寓，并买了属于自己的新汽车。如果换做其他人，可能就会因此满足了，安安稳稳地在华尔街这个满地是美元的地方过着悠闲的生活。可是李彦宏却在不久之后选择了辞职，他有着自己的打算。

在华尔街，李彦宏有两个重大发现：其一，他看到了股票市场上IT企业的火爆，也看到了IT企业中互联网企业的巨大潜力；其二，他结合自己所学习的页面链检索技术，发现自己有必要发明一种有效的互联网搜索技术，这就是后来李彦宏在美国申请的"超链分析技术"专利。

接着，在加拿大的一个互联网技术大会上，李彦宏向Mirosoft、Infoseek等硅谷公司的高级技术人员讲解了自己的"超链分析技术"，让这些IT巨头们看到了李彦宏的价值。最终李彦宏选择去了Infoseek公司，在Infoseek李彦宏受到重用，他成为当时硅谷最年轻的产品经理，并获得Infoseek公司的股票，在30岁那年成了百万富翁。

已经成为百万富翁的李彦宏，本应该继续留在硅谷，进入IT公司做一名高级工程师，然而，他再次选择了离开。当李彦宏正在硅谷Infoseek公司利用自己的互联网搜索技术成为百万富翁的时候，中国互联网也在蓬勃发展。新浪、搜狐等门户网站已经成立，搜狐张朝阳也在国内大红大紫。1999年底，怀抱"科技改变人们的生活"的梦想，李彦宏回国创办了百度。

百度从2005年1月到2006年6月其搜索份额一路攀升，2006年初其份额已经超越50%，而到了2008年其份额更是高达62%，2009年份额高达76%。而百度的股价也在2010年3月15日突破560美元大关，一度超过Google。百度的发展势头势不可挡。

在成功带领百度在纳斯达克上市后，李彦宏就开始用"用户需求决定一切""公司离破产只有30天""听多数人意见，和少数人商量，自己做决定""打破部门樊篱"等先进的管理思想管理百度，这让百度的发展不再受制于某个高管的去留，而整个企业的运行都在完善的管理机制下有条不紊地推进。

作为一个真正有实力的网红企业家，娱乐精神是万万不能少的，如马云扮演诸葛亮、唱京剧，王健林唱歌、雷军打鼓等。帅气的李彦宏弹吉他、打架子鼓、唱歌样样在行，也让大众看到了他可爱的一面。

在2013年百度年会上，李彦宏扮演的佐罗风头无二，虽然被黑斗篷黑衣黑帽黑眼罩遮挡，但也挡不住"颜值高"的好处：长得帅，怎么玩儿都帅！

在百度2015年年会上，李彦宏一身"黄金甲"装束引起全场尖叫。这次不仅在造型上下大功夫，还"小露一手"，身披黄金战衣，打起架子鼓来也有模有样，那首《男儿当自强》也是吸引了不少网友。

2017年8月13日，一年一度的百度Summer Party开演，李彦宏女儿

Brenda作为神秘嘉宾登台演唱，更让人惊喜的一幕是，在歌曲即将演唱结束之时，李彦宏弹着吉他从后台走出来，为女儿倾情伴奏，并和女儿甜甜相拥，父女暖心同框，现场气氛瞬间被点燃，这种搭档嗨翻全场。这段视频走红网络，成为这个活动最大的亮点，不少网友都留言表示画面很温馨。据说，李彦宏这一次为了给女儿伴奏，特意苦练吉他。作为一名不擅文艺的理工男，却肯配合女儿"放飞自我"，李彦宏可以说是一个名副其实的"女儿奴"了。

王健林——我是歌王

大连万达集团股份有限公司董事长，现已年过六旬的王健林成为网红是以才艺取胜的。王健林在近几年的万达公司的年会上一展歌喉，不仅征服了自己的员工，也征服了无数网友。他唱过的歌有《霸王别姬》《西海情歌》《最爱是你》《父亲的草原母亲的河》《向天再借五百年》《单恋一枝花》《我的根在草原》等，题材广泛，足以支撑他参与选秀节目了。所以有网友说："你明明可以靠唱歌发财的。"

王健林唱歌水平很高，算是企业家中少有的好嗓子，字正腔圆，中气十足。网红的才艺也是练出来的。王健林拥有一套亚洲顶级的KTV设备，没事的时候会高唱一曲。

2016年初，王健林在万达集团新春联欢会上献唱了一首《假行僧》，视频流出后曾经刷爆了微博和朋友圈。视频中，王健林挥手高歌，还不时跟随奏踩着脚，网友惊呼让王思聪赶紧把这个新"网红"签走。

根据清华大学媒介数据研究中心的统计，截至4月18日，王健林《假行僧》摇滚视频在全球的点击量已经达到25亿次。这是什么概念？当年红极一时的韩国的《江南stye》一年全球点击量也不过23亿。

商而优则唱，王健林做了一件和自己原本形象大相径庭的事，却收获了网络众多"粉丝"的关注。拿如今流行的观点来看，他已经算得上是一个"网红"了。

当然，不同于如今活跃在社交媒体上的那些网红，王健林在网络上成为一个超级IP，一方面是因为他庞大的财富积累，另一方面也是因为他财富背后流露出的真实。万达集团从一个区域民营企业一步步"长大"成为一个跨行业、国际性的商业帝国，王健林为之耗费了28年的心力。28年间，万达曾连续9年发展增速超30%，资产也从50万元变成超6300亿元——这似乎就是这个时代的英雄神话。

我们这个社会对于成功有着天然的渴望，对于成功的传奇故事也竞相追逐。只不过传统的中国企业家们太低调稳重，以至于一般人难以一窥他们生活中的另一面。随着互联网时代的到来，这样的情形已经有所改观，如今，越来越多的企业家开始出现在镜头前，主动成为人们的焦点。在这个信息飞快传播的社会里，企业家的个人形象由于受到公众的高度关注，已经同企业品牌价值紧密地联系在了一起。而显然，揭开企业家不为人知的另一面是一个塑造正面形象的绝佳路径。

人们在探求这些企业家成功秘诀的背后，更感兴趣的或许还有他们生活中的样子。人们想象中的王健林、记者笔下描绘的王健林、镜头前侃侃而谈的王健林都不如一个舞台上放声歌唱的王健林来得真实、可爱。在互联网这个扁平化的社交媒介中，比起一道道"心灵鸡汤"般的生意经与成功学，人们更喜欢的往往是接地气的表演，是一个除了纵横商场之外还可以当K歌之王的"网红"王健林。

与"歌手"差不多的新身份，王健林还有作家的身份。2015年1月，一本王健林自述经营之道的《万达哲学》正式发行，这是王健林第一本署名的作品，而媒体也宣传是"了解万达和王健林的窗口"。据万达集团的说法，这本书上市15个月在国内的销量已经达到75万册，连印了18次。在2015年第十届作家榜全新子榜单"企业家作家榜"上，王健林以415万元的版税收入进入这个榜单前三甲，代表作正是这本《万达哲学》。2016年2月，这本书的英文版全球首发仪式还选在了伦敦的大英博物馆举行，王健林不仅出席了首发仪式，后来又在牛津大学讲了一堂"万达国际化"的公开课。

作家榜创始人吴怀尧说过：比起他们在商业领域内的收入，这些版税收入数字，对他们来说，并不算是很高。如果纯粹为了赚钱，他们根本不需要写书。所以，出书对这个群体来说，有超出经济收益的考虑。他们需要在经济效益之外的层面上，寻找价值感。

价值感，相比于财富，或许是步入花甲之年的王健林更加看重的东西。

俞敏洪——育人不诲

新东方董事长兼总裁、洪泰基金联合创始人俞敏洪是教育行业首屈一指的网红，他在二十多年前凭借一句"绝望中寻找希望，人生终将辉煌"成功逆袭；随后的十多年里，他把新东方打造成了一个网红孵化器，名师辈出；他自己曾经做直播，在线多达700多万观众。俞敏洪也许是中国最具韧性的创业者和企业家，其励志故事已被翻拍为《中国合伙人》被广为传颂。

育人不诲的俞敏洪在教育方面做了许多努力，比如，励志演讲、北大演讲、美国麻省理工学院演讲、高考励志演讲、梦想之旅等。演讲题材贴近创业者、大学生、年轻人，以鲜明的"三贴近"拥有无数"粉丝"。在企业家网红阵营里，若论亲力亲为的敬业精神，俞敏洪首屈一指。在这一点上，必须点赞。下面，就让我们一起来看看他在"洪哥梦游记"节目中的表现吧！

2016年，俞敏洪迎来了两件事：一件事是新东方的股价达到了上市10年来的最高点，突破40美元的价格；另一件事就是继英语老师、知名企业家、"两会"代表、"梦想导师"之后，他又多了一重身份，即"网红"。

在2016年的一次为期10天、历时240小时的网络直播真人秀节目"洪哥梦游记"里，俞敏洪带着一行人顺长江而下，跨越10座城市，一边探讨人生，一边欣赏风景，再一路做讲座，俞敏洪对于这一次的"网红"之旅绝对是全身心的投入。这场历时10天的"洪哥梦游记"，对于俞敏洪的正常工作、生活影响也不小，不仅使其处理日常工作的时间变成了"碎片"，而且连其屡屡"称道"的"百日行动派"活动——"老俞读书"也不得不暂停。此前，已经有书商预付20万元，预约结集出版"老俞读书"。由此可见，俞敏洪做出了巨大的"牺牲"。

在这次"洪哥梦游记"节目中，俞敏洪向人们展示了他的真人秀：

4月18日的晚上，俞敏洪在直播镜头下喝醉了。几个老友相见，喝着喝着就进入状态了。作家大冰提议，每人念一首诗。俞敏洪选了海子的《面朝大海，春暖花开》。念完，他颇为自得，"我朗诵得还不错"。他还打断了别人朗诵的食指的《相信未来》。"你这个实在有点太弱了"，他抢过手机，踩在椅子上，一边朗诵，一边四处挥舞手臂。念到"用孩子的笔体写下，相信未来"，他索性俯下身子，把脸凑在了镜头前。这一晚，他一杯一杯，喝了很多白酒，还抽起了烟。他回忆起大学的时光，那时候他离诗人更近一些。北大五年里，他写下了600首诗。这是俞敏洪难得的放开的时刻。

在直播中，俞敏洪从未流露疲态。每次直播结束回到车上，他都习惯性地点开优酷的直播界面看网友的评论，评论栏消失了再点开视频看直播回放。最后是盯着手机看，脸上有种像刚从梦里醒来的迟疑和不舍。直到直播结束的那一瞬间，他发现，自己放松了。

事实上，在这次节目中做真人秀直播也是俞敏洪主动提出来的。春节前，他看到挪威电视台连续134小时直播一艘邮轮的海湾5日游。起初他以为会很无聊，没想到临近终点时现场围观人群越来越多，挪威60%的居民都收看了这档节目，最终变成了一场全民大狂欢。俞敏洪想试一试，因为他想知道直播是不是一件无聊的事情，也希望在无聊中寻找他想要的意义。于是，他叫来新东方市场部工作人员开会，提出希望直播新东方例行的巡回讲座"梦想之旅"。俞敏洪甚至在微博上发了一段他游泳时的鬼畜视频。视频里，他赤裸着上半身，戴着黑色的泳帽和泳镜，在泳池里做出各种搞笑的动作，配之以BGM，画面十分喜感。这个新潮的举动获得了网友的称赞，最热门的一条网友评论称，"恭喜入住B站全明星"。

在这场真人秀里，他觉得自己在镜头前做到了真实。网友也说看到了一个不一样的俞敏洪。这正是俞敏洪希望达到的效果。

视频教育、直播教育都已经成为时下互联网时代的创新教育模式。俞敏洪是在尝试用新的方式去传播他想传递的正能量和价值观，他也是第一位做直播真人秀的企业家。谈及"洪哥梦游记"的初衷，俞敏洪称，"梦想之旅现场讲座的听众是固定的，假如每天面对一万人，十天只能影响十万人。我希望以直播的形式让更多的人看到、感受到梦想之旅的力量以及沿途旅程的魅力。"

在很多人眼里，俞敏洪的"洪哥梦游记"是打算"聚粉"，过一把流行的"网红"瘾。事实上，在俞敏洪"时髦"的背后，还蕴藏着一个更为"时尚"的尝试，那就是——移动直播。"洪哥梦游记"貌似成就了俞敏洪的"网红"身份，实质上也开启了新东方对于在线教育移动直播的试水。当年，新东方的在线教育就曾"起了一次大早"，此番在教育的移动直播也算是"赶一个早集"。

除了演讲、真人秀、梦想之旅等视频教育、直播教育，俞敏洪还出版了《在绝望中寻找希望》一书，其中有一篇文章是《有些事，年轻时不做会后悔一辈子》。文章回忆了自己当年身在校园时的一些事情，并告诫年轻人一定要做的几件事："第一，把自己的知识结构打造完整；第二，要在大学里尽可能地多交朋友，因为你终生的朋友、合作者一般都来自于你的大学；第三，如果有可能的话，在大学里谈一场比较专注的恋爱；第四，为未来的工作做好打算。未来的工作跟你有多少朋友、跟你的专业知识是相关的。此外，还需要好好掌握一门专业，只要到熟练的程度，再差的专业也一定有人赏识。"其育人不诲之风格可见一斑。不仅如此，由此我们也可以看出"内容输出"对一个网红老板的重要性！

王卫——低调的网红企业家

他不打广告，但很多人都在找寻他；他低调不张扬，却令香港"狗仔队"卧底数月难得一睹真容；他不引入战略投资，却令花旗银行开价1000万美元中介费用只为求得一个合作机会；他曾与电子商务保持距离，但他却令马云两次相约并称为最佩服的人。这个人就是最大的快递企业顺丰的掌门人王卫。

但是，2016年，一次顺丰快递员挨打的事件让王卫爆发了。事件的起因是顺丰的一名快递小哥因和一辆轿车发生剐蹭而被车主殴打。视频中能够看到，车主前后至少六次掌掴快递员，快递员除了本能地抬手阻拦外，几乎没有其他动作，除了少有的几次解释，大多数时候也都默不作声，而就是这几次为数不多的解释，也几乎都被车主粗暴打断。每掌掴一次，就让人心揪一下。

面对员工被打，顺丰集团官方微博17日发表声明称会"照顾好这个孩子"。随后，17日晚间，顺丰总裁王卫也在朋友圈强硬发声："我王卫向所有朋友声明！如果我这事不追究到底，我不再配做顺丰总裁！"18日下午，北京警方宣布行政拘留寻衅滋事嫌疑人李某十日。

本以为事情到此就告一段落，但是顺丰总裁王卫首度正面回应不接受调解。为何不接受调解？王卫回应道："如果这个世界是用钱或一个道歉可以解决问题，而不以法律解决问题，要法律干吗？"

19日，《人民日报》对此刊发题为《治住"掌掴快递员"的霸凌》的文章称，对霸凌者必须加以严惩，提高其任性成本，维护良好的社会风气。法律应当为弱者撑腰。对霸凌恶行的惩罚，要及时、公开。一旦发生暴力伤害，执法者要迅速介入，能制止的及时制止，已经产生伤害的要切实依法惩处，要避免听之任之、大事化小的不作为现象。而在法律惩罚之外，还应给施暴者开出"社会罚单"。

王卫的表态赢得了员工的心，整个公司都站在他身后，大大提高了顺丰员工的归属感和忠诚度。这样负责的态度，给王卫赢来了"仗义老板"的美名；而从网上舆论来看，大部分人都支持"霸道总裁"王卫的做法。

在这里，我们不得不佩服王卫。据说香港"狗仔队"卧底数月都难一睹王卫的真容，为了自己公司里的一名普通的快递员，王卫却立马站出来了！

没有一丝刻意，王卫就这么悄悄刷爆了朋友圈走红了网络，为什么呢？第一，他是低调却实干的企业家。这世上有这样一群顶级企业家，他们虽早已做到业界龙头，坐拥百亿市值，却异常低调，很少接受媒体采访，非常神秘。从这点上来说，王卫还真有点相似。第二，强大的反差感。董事长总是给人高高在上的感觉，王卫却能为基层员工亲自出头，安排高层持续跟进，不接受调解、要求追究刑事责任。第三，事情背后的情感共鸣。王卫那句"如果我这事不追究到底，我不再配做顺丰总裁"，已经给社会舆论加注了一股"情绪"洪流，结合打人视频的满腔愤慨，这种携带了正能量的价值观，直接抵达观众的心智。

哈佛商学院管理学教授比尔·乔治曾指出："真实的领导者"都是"非表明的优越"。他们本性如此，以至于他们并没有需要带着目的性地打动或讨好别人，同时，他们还能够以坚定的自我意识与价值，成全自己的个人魅力和领导风格。这大概就是像王卫一样的那些企业家们一夜成网红的"秘诀"吧！

第三章

成功企业家的八大特点

　　互联网时代，更多的企业家从幕后走向前台，成为社交媒体上网友热议的对象，成为"企业家网红"。企业家网红比一般网红具有更大的社会影响力，也具有网红的普遍特性：他们善于讲故事、用故事吸粉；有很多人都喜欢的情怀；不仅有颜值更有才华；有自己的品位；有闪光的金句广为流传；敢于自嘲、自黑，而且不怕被超越；善于利用社交媒体，以话题搏出位；更能体现价值，做社交网络"核爆炸"的引爆中介。企业家网红不是一般的网红，他们跟一般网红既有某些共通之处，又有不一样的地方，就看你能不能看懂。

有故事：赢得关注度一大法宝

　　有故事，是企业家网红不可或缺的一项必杀技。比如被自己创办的公司赶了出来的苹果的乔布斯、新浪的王志东、汽车之家的秦致、聚美优品的陈欧……当然也包括雷军和董明珠下10亿赌注的故事，总之有故事是企业家网红吸引"粉丝"的一大法宝。

　　人人都爱听故事。你的作品不会自己说话，你需要给它们赋予生命力，你需要给它们一个故事。越常分享，就越能说出精彩的故事。当你把自己的作品晒到公众平台上时，你已经在为自己的作品说故事了。你寄出的每一封电子邮件，发出的每一则信息、每一次对话、每一张照片，都是故事的一部分。

　　每个人都喜欢精彩的故事，但不是每个人都能轻轻松松地说出来。这个技巧需要花一辈子学习。所以要好好研究最棒的故事，然后寻找属于你的故事。这里不妨给大家介绍一款实用的营销工具——故事营销。

　　著名营销大师菲利普·科特勒曾对故事营销下定义：故事营销是通过讲述一个与品牌理念相契合的故事来吸引目标消费者的营销方法。在消费者感受故事情节的过程中，潜移默化地完成品牌信息在消费者心智中的植入。简单来说，故事营销就是用故事赢得消费者好感，从而让消费者记住和认同品牌，成为品牌的忠实顾客。故事营销强调的是一种情感的输出，感染消费者。

生动有趣的故事使得品牌信息不仅能被消费者更容易接受，并且更易于向广度和深度传播和进行多次扩散。好的故事为品牌代言，故事与品牌间的特殊情感，不仅能够赋予品牌生命力，使品牌形象更加丰满立体、鲜活生动，而且可以使品牌精神成为一种标志和象征，从而提升品牌附加值。那么，究竟怎么才能做好故事营销？通过对无数案例的复盘和剖析，故事营销的五个要点如下：

第一，故事要揭示出品牌的独特个性。随着消费升级，人们购买某个商品往往不仅是因为其使用价值，更重要的是其带来的精神或心理上的满足感，而这些就可以由品牌个性来体现。故事与品牌独特个性具有较高的相关度，且故事的核心情节描述符合品牌形象定位，才能保证故事的影响力延伸至品牌。因此，故事讲述者要清楚产品的关键属性，找准品牌的核心价值，并按此标准搜集、改编故事素材，使故事与品牌的核心价值、品牌文化乃至企业文化紧密相连。

褚时健亲手培育的冰糖橙种——"褚橙"，因橙子饱满的果肉、易剥的果皮、入口即化的口感以及那独有的1:24酸甜比，而深受市场欢迎。但真正值得人们回味的，除了绝佳口感，更是褚橙背后所包含的人生故事，或者说是经商之道、人生哲学。褚橙背后是一个饱含血汗的创业励志故事。褚时健从烟王到锒铛入狱，再到75岁重新创业，将普通橙子卖成"励志橙"。很多顾客买褚橙往往不仅是因为味道有多好，更多的是想品味和学习褚时健的那股创业精神，那股在人生失意时永不放弃的态度，以此来实现一种自我激励，达到更好的理想自我。

一段简单、直白的旁白，呈现两个不同人物的故事：NewBalance工匠制作NB990，李宗盛制作一把木吉他。李宗盛的语音平和舒缓，从自身经历出发，讲述为人处世的人生哲学，引出《山丘》中想说还没说的话，"一辈子总是还得让一些善意执念推着往前，我们因此能愿意去听从内心的安排。"旁白的结尾，一脸平和的李宗盛弹起吉他，"专注做点东西，至少，对得起光阴岁月。其他的，就留给时间去说吧。"李宗盛的故事，唤起观众心中对工匠精神的敬佩，同时也极大地丰富了NB的品牌内涵。

第二，故事的内容要具有戏剧性冲突。好的故事要有冲突性，情节跌宕起伏才能在消费者大脑里留下印记，平淡的故事既无法吸引消费者眼球，更谈不上实现情感共鸣，只能被消费者屏蔽或者成为过眼云烟。

《母亲的勇气》是大众银行的一次广告campaign，秉承了大众银行所倡导的品牌精神"不平凡的平凡大众"，台湾奥美广告公司对"大众"作了深刻的演绎，发掘了台湾社会平凡大众——一个63岁的平凡台湾母亲为探望远在国外生子的女儿在途中所历经的一系列阻难的不平凡故事。这个故事极具冲突感：一个63岁的平凡台湾母亲，为了探望远在国外生孩子的女儿，在言语不通的情况下，独自一人飞行三天经过三个国家跨过三万两千公里，在委内瑞拉机场因为携带给女儿煲汤的药材，因她解释不清被海关人员认为是携带违禁品所以被拘捕，关键时刻一位华裔海关人员看到这一切帮助了她，使得她得以顺利过境探望女儿。她的背景和她的飞行行为冲突。老妇人代表弱者身份和海关人员代表的正义身份冲突……在冲突间运用快节奏的音乐和连续切换重复的画面来营造冲突感，这种冲突传达了台湾同胞坚韧、勇敢、真实且善良的一面。

这则广告既展现了品牌的"大众"面貌，又成功吸引观众注意并轻易触发了人们对中华民族传统美德"勇毅力行、仁爱孝悌"的共鸣和认同，同时有效地塑造台湾大众银行的"坚韧、勇敢、爱"的品牌形象。

第三，要与时俱进地更新自己的品牌故事。品牌故事也应该根据不同时期品牌想诉求的卖点和品牌的内涵升级，与时俱进。同一个故事重复次数太多，消费者会产生审美疲劳。任何好的品牌内涵不是通过一次品牌故事就能够成功塑造，而是通过多层级多次地保持和维护已经建立的品牌个性。管理品牌是一项终生的事业。因此，故事讲述者在编制故事时应注重续集，可围绕一个主题拍摄多部故事片，形成小型连续剧。

在连续剧广告方式方面，益达可谓是经典中的高手，值得模仿学习。2010年7月，一句不经意的"兄弟"称呼让男女主角在加油站相识，"你的益达也满了，兄弟！"被目标受众广为传播。2011年同期，两人的故事有了续集。该系列广告由甜、酸、苦、辣四个小广告构成，讲述了浪迹天涯的男主角结识女主角之后，两人一起上路去到海边，最后因为男主角的不解风情，女主角黯然离开。《益达-酸甜苦辣Ⅰ》系列故事末尾，留下了男女分开的遗憾结局，究竟他们还能否重逢，能否再续前缘？为了满足目标消费者的期待，新一轮系列故事《益达-酸甜苦辣Ⅱ》于2012年上线，原来故事中的男女主角重逢。可此时，他们之间多了另外一个男人，男女主角将经历新的情感体验。好在新的冲突顺利解决，有情人终于一起重新上路，驶向美好明天。2013年《益达-酸甜苦辣Ⅲ》紧接前两则广告的热烈反响后的余温推出，这次是菜鸟厨师女主角与厨神大叔男主角之间的相遇，虽然情节与演员都有所变化，但场景里来自葛兰的《说不出的快活》复古背景音乐提醒着观众们，还是益达系列广告。

回顾整个"酸甜苦辣"系列，"吃完喝完嚼益达"的基本诉求借助唯美的爱情故事贯穿始终，推陈出新，情节一脉相承，益达则悄然成为传递情感的触媒，隐藏于跌宕起伏的剧情中。电视连续剧似的故事情节在观众的一次次点播与转播中，牢牢吸引了一大批品牌的忠诚消费者，潜移默化地在消费者心中建立了益达的品牌形象。

第四，营造带有消费者体验过程的情感故事。新媒体时代还是"体验经济"时代，商品的功能与质量往往不是这个时代消费者关注的重点，他们更加在意商品所带来的体验与感受。一个成功的故事，应当能让顾客在消费商品时有深度的情感体验。

南方黑芝麻糊就是通过创造具有体验式的故事，让消费者吃出与广告片传达的相同情感。麻石小巷，黄昏，挑担的母女走进幽深的陋巷，布油灯悬在担子上，晃晃悠悠。小男孩挤出深宅，吸着飘出的香气，伴着木屐声、叫卖声和民谣似的音乐。（画外音："小时候，一听见芝麻糊的叫卖声，我就再也坐不住了"）男孩搓着小手，神情迫不及待，画面中频繁出现大锅里那浓稠的芝麻糊滚腾。大铜勺提得老高，往碗里倒芝麻糊。小男孩埋头猛吃，碗几乎盖住了脸。研磨芝麻的小姑娘新奇地看着他。小男孩将碗舔得干干净净，小姑娘捂着嘴笑。卖芝麻糊的母亲爱怜地又给他添了一勺，轻轻地抹去他脸上的残糊。小男孩抬头，露出羞涩的感激。（画外音：一缕浓香，一缕温暖。）古朴的街景，旧日的穿着，橘红色的马灯，熟悉的叫卖声，共同构成了一幅立体的画面。

人是在经历中成长的，对成长中的回忆有时可能会使人终生难忘，所宣传的产品如果能够引起人们的美好回忆，无疑是一个成功的广告。这则广告给南方黑芝麻糊营造了一种温馨的氛围，深深地感染了观众。当人们在超市里看到南方黑芝麻糊时，可能就会回忆起那片温情，这就能极大程度地刺激购买欲望。

第五，选择最能传递品牌理念和精神的故事传播形式。曾经的口口相传，早就不是讲故事的唯一方式了。直播、语音、电台等形式也纷纷加入了营销模式的阵营。品牌故事想要一直讲下去，除了与时俱进，不断更新内容外，为追求满意的传播效果，企业还应该结合产品特性、品牌理念以及特定的故事内容，寻找最佳的创意表现形式。

2016年6月，"凌晨四点北京"是新世相用直播的方式诠释故事的节目。"深夜孤独"的内容主题很容易戳中习惯熬夜的都市人群，"一次有预谋的集体熬夜"的文案制造出一种冒险感。在被网红"占领"的直播平台上，这场讲述13个都市人深夜工作故事的"素人"直播竟然吸引了近30万人观看。

有情怀：很多人的最爱

　　企业家网红要有情怀，因为很多人就喜欢这个。有点儿情怀、有点儿文艺范儿，往往会得到很多人的追捧。在这方面，马云、任正非、陈年都是很好的例子。

　　大学老师出身的马云就将他的情怀回归教育事业。在湖畔大学第二届开学典礼上，马云致辞表示，湖畔大学的使命是在新商业文明的时代，发现和训练企业家。十几年以前，阿里巴巴有个愿景，就是希望三十年以后中国500强中，有200个CEO来自阿里巴巴集团体系。他希望艺术家在这儿受益，希望教育家曾经受益。无论学生将来是否做企业家，但在湖畔大学的三年，能够带给他们人生快乐，懂得什么是健康、自在，这是学校的使命。

　　马云希望湖畔大学形成一种文化，让每个企业活长、活久。他还希望湖畔大学企业家有未来，每个企业家必须有信念，因为有了信念以后，才不会被诱惑，战略才会是有定力的，没有信念的战略是没有定力的，但是没有信仰的人是会迷失的。

华为创始人任正非也是有情怀的网红企业家。2016年4月16日下午，一张任正非独自在上海虹桥机场排队等出租车的照片在微博引起波澜。事实上，这不是任正非成为老总后第一次自己等出租车。许多人之所以对这样的话题表达了浓厚的兴趣，关键是任正非具有情怀。

一个这么"大牌"的企业家，为什么没有随身携带大批随从？为什么没有走VIP通道？为什么没有专车接送？很多人无法理解这样的"大老板"为什么还会自己等出租车，炒作、为宣传某产品的质疑声亦在网上蔓延。要解答公众的质疑，前提是了解任正非这一代企业家的创业精神。

柳传志说过"名声比金钱更重要"这样朴素的价值观，"我能做的就是自己不装，在不装的圈子里快乐生活"；宗庆后过着近乎清教徒一般的生活——早7点上班，晚11点下班，每年出国考察洽谈约3个月，到全国各地做市场调查约5个月……

对任正非、柳传志、宗庆后以及千千万万依然保持着艰苦朴素、崇尚从简从速的企业家来说，打车只不过是内化到他们骨子里的一种习惯而已。但今天的公众似乎已经无法理解这一点了，"情怀"与"朴素"这样的企业家美德，似乎成了奢侈品。

唯有当朴素务实的精神得以传播、传承，唯有当人们认为大老板独自打车其实也很稀松平常时，我们才能真正理解那一代人的精神世界，理解做人与做企业的真正境界。

网红陈年也具有情怀。作为凡客CEO，陈年的"凡客体"已在互联网营销圈成为经典案例，也同时将互联网品牌广告推向了高潮。经此一役，外界对凡客品牌的估值已达到与中国移动持平的地位。

2010年三四月份的时候，凡客CEO陈年在去公司的路上，看到了H&M在路牌上打的广告，当时就想凡客是不是也可以试着做做。陈年后来谈到这件事时说："当时，凡客已经在和韩寒、王珞丹接触了。品牌团队的执行力很强，很快就拿下了路牌广告，上了凡客的产品，但最初推出的路牌广告，就是韩寒和王珞丹穿着凡客的衣服，旁边孤零零地写着价钱。其实大家对这个事情没什么印象。"之后，凡客开始请视频广告人来提案。"当时是开了3天的会，来了40多家公司，每天都听这些提案。最后我们选中了'我是凡客'这个提案。这个提案其实是给视频做的提案，是视频的脚本台词，而不是被大家所熟知的'凡客体'的推广，只是我们当时看了这段文字写得不错，然后我们提出了要求，进行修改，说就把这段字贴到路牌上去，这是最初的'凡客体'的来源。"随后发生的事完全出乎陈年和所有凡客人的意料，比如大家在网上看到有很多模仿的凡客体。

"凡客体"红起来之后，很多人都在问，这是不是凡客有预谋的一个事件。后续也有别的品牌商，按照这个套路去做类似广告。但"凡客体"的效应可遇不可求，是网络的力量和网民的智慧成就了它，它的成功契合了网民的表达欲。

将明星拉下"神坛"，还原成平凡之人，以此来打动无数有着平凡梦想的小人物，是凡客一贯的做法。这次凡客看中了帅帅酷酷的黄晓明。所以才有了2011年春天"Not at all，挺住意味着一切"这支广告。这支广告最后呈现出的黄晓明的形象，让所有的人都很意外，所有在这之前认为黄晓明不像凡客的人，从那一刻起，都认为黄晓明就是凡客。

"7岁，立志当科学家；长大后，却成为一个演员。被赋予外貌和成功，也被赋予讥讽和嘲笑，人生即是如此。你可以努力，却无法拒绝。哪有胜利可言？挺住，意味着一切。没错，我不是演技派，Not at all，我是凡客"——这段文案配合着黄晓明的搏击视频，展示出了明星光鲜的一面，也展示出他和普通人一般的无奈，瞬间击中了人们心中的柔软。这种自嘲、将自己"归零"的精神，正是互联网所需要的态度。凡客很巧妙地抓住了这个点，来和大众形成共鸣。

有颜值：颜值与才华齐飞

网红经济是注意力经济，长得漂亮能够先声夺人，引发人们的关注。事实上，在强调多元性的互联网上，一张有特征可被记忆的脸远比流水线操作下的模型脸更有时尚说服力。拥有眼球效应的网红明星们，其个人的爱情生活、事业起伏，往往比荧幕上编剧写出来的故事更加精彩。

才艺中非常常见的成名方式是唱歌，比如靠《天使的翅膀》一曲成名的西单女孩，靠《春天里》一举成名的旭日阳刚等。从表面上看他们是靠歌声成名，其实本质上是靠情感打动了大家。应该说他们身上寄托了很多人的梦想，大家在他们身上看到了希望。

想做网红，要有才艺才能吸引网友。在这方面，获得2016搜狐时尚盛典年度网红提名的Papi酱就是一个典型。不管是毒舌吐槽针砭时弊，引发了多少热议、争议和赞美，还是获得1200万融资单凭Papi酱在网红中那清秀自然的一股清流之风，就可以成为年度标杆。Papi酱的爆红体现在一系列数据上：在2015年中国网红排行榜中排名第2名；新榜

2016.03网红排行榜排名第二，新榜指数为1077.4。在易观智库的《2016年8月中国网红排行榜TOP50》中排名第一；微博粉丝达1965万，微博活跃度为1987.2，微指数为12059，c网看好指数为95。2016年1月至今百度平均搜索指数为37413，2016年单天最高百度搜索指数为254470。

美国男歌手查理·普斯从"网红"跨越到"真正的歌星"的经历，也算是一个典型。2015年4月，《速度与激情7》上映，名不见经传的美国男歌手、"新人"查理·普斯与美国说唱歌手、词曲作者、演员维兹·卡利法合作，凭借《See you again》红遍全球。他的另一首单曲《Marvin gaye》在英国榜狂飙89位，登顶冠军。客串合唱的是个性才女梅根·特雷拉，这首歌也是两人各自的第二首英国冠军歌曲，同时也是梅根·特雷拉第一首不参与创作的单曲。而查理·普斯随后亦发布新单曲《One call away》，其首张正式个人专辑于2015年11月发行。从"网红"到"真的红"，其实查理·普斯是正经的学院派！

查理·普斯这位"90后"的邻家男孩外貌亲切可人，高中开始主修爵士钢琴，毕业于著名的伯克利音乐学院，主修的是音乐制作。虽然对中国听众来说他是"新人"，但在国外，他早已是翻唱达人，几年前便已有多首翻唱视频成为"油管"（youtube）热门曲目，累计点播量超过300万。他还成功从"网红界"杀入大电视，参与热门节目"爱伦秀"表演，还被主持人爱伦签到旗下，踏上星途。从2010年开始，查理·普斯已经陆续出版过两张唱片《theottotunes》及《ego》，但当他签约"atlantic"后，唱片在itunes下架了。作为一介"网红"，查理·普斯制作了多个"油管"小伙伴的节目主题曲；在主流音乐界，他与多个红星合作，写歌、合唱及监制，通过这些作品，他进一步"洗底"，从"网红"跨越到"真正的歌星"类别。

网红并非因为唱歌好才出名的，唱歌好的人很多，而且从专业角度来说，他们唱得也不算特别出色。他们出名，是因为其才艺和背景形成了强烈的反差。网红的背景常常是非常普通的，所以他们一出现，迅速地引起了大家的共鸣，大家在他们身上看到了自己的影子，看到了自己的过去、现在，看到了自己的梦想，所以他们红了。

对于网红而言，红一把不难，难的是一直红着，并且能把这种热度转化为商业利益。要想走得长久，离不了持续推出的大众喜闻乐见的内容，还要有能力将内容发布渠道升级，进而引领消费习惯。显然，网红经济远非一般意义的颜值和才华那么简单。

◇ 有品位：有自己最独特的魅力

如果说颜值是天生而来的，那么品位则很难天生自带，因为它多与后天的视野和人生阅历相关，更多来自于后天的修炼。从某种程度上说，时尚网红能否被人们所接受，"品位"两个字的含金量是关键。

澳大利亚日韩混血时尚博主妮可·沃恩（Nicole Warne）曾被讽刺为"背影杀手""矮黑丑"，被人嘲笑"长得这么丑还敢当博主"，身高一米五五相貌平平不够出彩，但她19岁开博，一年圆网红梦，成为"澳大利亚时尚界最瞩目的创新者之一"，是第一个在澳大利亚时装周上走秀的时尚博主，是全世界第一个签约IMG经纪公司的博主。她逆袭的奥秘是什么？是超高的时尚品位和独特的复古气质！

妮可·沃恩，1990年出生，日韩混血，澳大利亚长大，像很多女孩子一样，梦想成为万人迷。2009年10月，19岁的妮可·沃恩开创了时尚博客Gary Pepper Vintage，又在eBay开了同名网店，专卖二手古着（"古着"不是二手衣的意思，而是真正有年代的而现在已经不生产的东西，比如有一款牛仔外套，是非常大的尺码，里面是很厚的羊毛衬里）。那时候的妮可·沃恩在FBI时尚学院的时尚专业读书，同时在澳大利亚版的《Harper's Bazaar》和《Grazia》实习。她在学业、实习和小网站之间挤时间，每天在学业、实习和小网站之间忙碌着、坚持着。

爱冒险的妮可·沃恩为了自己的事业，辞去了有着丰厚薪水的工作，全身心地投入到自己的网店中。这样的决心，其实很少人做得到。不只有决心，成功是给有准备的人的。事实上，妮可·沃恩从小对时尚有着独特的审美，杂志大片专业知识积累一样不落下。虽然她不够美，但她逐渐在时尚海洋里，找到了属于自己的奇特而充满女人味的风格。很快，Gary Pepper Vintage这个曾经毫不起眼的小店铺，一跃成了澳大利亚最大的古着在线零售商，赚取了她人生的第一桶金。

但妮可·沃恩并不满足于此，她计划把自己的博客扩大成一个与自己的电子商务网站同样成功的商业项目。2010年，Gary Pepper Vintage推出了属于自己的电子商务网站，靠着以前的顾客源和好名声，她的网站一跃成为澳大利亚最大的古着在线零售商，"粉丝"们都为她高兴。

2012年7月的冒险，让妮可·沃恩再一次站在选择的风口浪尖。她关闭非常成功的电商平台，将全部精力投注到时尚博客和社交媒体的运营上，决定放手一搏。她的计划是，把博客扩大成一个与自己的电子商务网站同样成功的商业项目。勤勉的经营，精美的策划，她把自己的知名度提高了好几个等级。渐渐的，她成功了，成了世界上知名的博主之一。

2013年，妮可·沃恩成为全世界第一个签约美国国际管理集团IMG经纪公司的博主，成为超模米兰达·可儿和霉霉Taylor Swift的同门师妹。一个一米五五的19岁女孩做了模特不说，还登上了澳大利亚版《Elle》《MissVogue》和美国版《Lucky》封面！大牌合作接踵而至，Louis Vuitton、Dolce&Gabbana、Lancome、Mango和Zara等都争着与她合作，因为她是模特，是造型师，是时尚顾问和创意总监。

妮可·沃恩不是白富美大长腿，刚开博那会儿，还总被讽刺"这么丑也能当博主"，但或许正是如此，她的这些努力更为珍贵。

其实，每个人的不同就是最独特的魅力，提升你的品位，加上你的智商，你也能变成自己最想要的样子！

有金句：真理恒久远，金句永流传

要想说出金句，要求你的讲话风格要有差异化，不能人云亦云。"让天下没有难做的生意"（马云）、"保持饥饿、保持愚蠢"（乔布斯）、"微软离破产永远只有18个月"（比尔·盖茨）、"IT业的冬天对别的公司来说不一定是冬天，而对华为可能是冬天"（任正非）……这些金句郎朗上口，记忆度高，传播非常广泛，正所谓"真理恒久远，金句永流传"！

下面列举几个网红知名人物的金句，能对我们的生活有所激励。

王健林：王健林在一档真人秀节目谈及当下大学生动辄扬言"当首富"的行为时表示，想做首富这是对的，但最好先定一个能达到的小目标，比方说我先挣它一个亿……

雷军：小米在经历了最辉煌两年后进入缓冲期，雷军表示，小米前三年长得太快了，透支了这两年的成长。反思对于企业家来说是很重要的优点，但是反思对于企业的品牌杀伤力很重。只有失败者才需要反思，我不需要。

王石："自由是非常重要的，金钱绝对不是目的。"王石在WISE"独角兽"大会演讲时表示，年轻人不要被金钱所劳累，"独角兽"不要为大而大。

有些金句可用网络词汇"毒舌"二字来形容。所谓毒舌，喻指那些言谈流利明确，用词恶毒辛辣，能一针见血地说出事物的本质的说话方式。

毒舌必有一针见血的能力，让人们换一种视角看世界。具体来说，要做到以下几点：一是够犀利。世界知名的英国时尚评论人苏西·门克斯在Vogue网站上有一个专栏，每天都在发表对设计师们犀利的点评，吸引了众多眼球。二是抢时尚热点，下手要快狠准。三是开专栏，以独到观点取胜。四是认真回答别人感兴趣的问题。五是客观地毒嘴，毒舌不毒心。

吴晓波的专栏文字幽默诙谐而且入木三分，揭示了转型期中国经济的一些怪现状，比如他在《南风窗》上所写的关于上市公司和投票公司的文字；而他对公司的研究则严肃认真，同时充满灵动之气，观点新颖独到，比如他为《经济观察报》撰写的文章《被夸大的公司使命》《二十年公司——表面的胜利》《企业家为什么不是知识分子》等。

同时，吴晓波还经营自己的图书项目。他打造的蓝狮子财经把本土公司财经写作作为目标。吴晓波对中国公司史和人文财经也有着深刻的研究和独到的见解。他主持出版的一系列图书最终成为中国本土财经阅读的顶级读物，深受读者欢迎。吴晓波认为，一个公司史的写作者应该能够深入接触到该公司的内部档案，并且做长期跟踪报道，有过深刻的研究，而不要做"百度"作家。

Gogoboi在2016年3月8日的"2015年中国网红排行榜中"中排名第27名。很多关注时装的人都会关注他的微博，他的话题"who wears what"拥有12.6亿阅读量。一直以来，他会在微博上发布明星的着装点评，对明星而言颇有几分"爱之深责之切"的意味。他是以文字和图片的形式在社交渠道为网友点评时尚界，其睿智又犀利的观点让他因此俘获了大批"粉丝"。

总之，有主张的金句代表的是网红的一种生活方式，能通过自身技能来帮助人们共同实现更高的生活境界，形成新生活的归属体验。从他们看似抱怨吐槽的金句中，往往能让人感受到他们对生活的乐观豁达态度，尤其是不人云亦云地看待事物的思想角度，常常传递出正能量。

能自黑：一直在自黑，从未被超越

"自黑"一词是指自己黑自己，通过自我解嘲的方式来缓解尴尬。自黑就是不等别人"开枪"，自己先"应声倒地"。它最大的优势就在于不"躺着中枪"，主动出击，自己开枪，化被动为主动。自黑比自我批评多一点点喜感，多一点点黑色幽默。

周鸿祎参加亚布力峰会做主旨演讲时，穿了一件红色夹克就上台了。"我为什么要穿一件红衣服呢？因为我的名字叫周鸿祎。但是大家都给我读成'周鸿wei'，为了加深大家的印象，我就穿红衣服，证明我叫鸿祎。可是我穿了红衣以后呢，很多人叫我红衣大炮，其实我不是大炮，顶多是小钢炮。我们为什么叫360呢？因为我们要做安全，安全是一种基础应用，应该免费。但是同行都不免费，所以他们说我很二。一个很二的人，很250的人，非要做安全的事，也就是做110的事情，250加110不就是360吗？"周鸿祎的主旨演讲一直在自黑，反而很红。

生活里的自黑者，大多有一种娱乐至上、娱乐至死的精神。

自黑、有些"二"，拿老百姓喜闻乐见的段子调侃自己，往往会让网友觉得亲民、亲切。在这个压力大的时代，很多人或企业都自"黑"自乐。奇虎360的周鸿祎、小米的雷军把自黑当作家常饭，黑起自己来丝毫不费力气。还有地产界的大亨潘石屹面对网友制作的"壹潘"币，索性在微博上高调晒出独家发行的"潘币"，未被黑成反被炒起来，"潘币"也成了潘石屹的个人品牌。

同样，自黑作为一种公关手段在突发危机中起到的作用也不可小觑。当企业身陷舆论的口水战时，可运用自黑手段来化解公众激烈的情绪，从而达到转移视线的效果。天猫为了化解"双十一算错内裤尺寸"的公关危机，结合集团副总裁的幽默和天猫官微的卖萌，配上一个调戏马云数学差的段子，借力打力，成功将这场危机扼杀在半路。

随着微博、微信等影响力的进一步提升，自黑作为一种营销手段已经在社交媒体上蔚然成风，越来越多的企业和个人在面临公众舆论时采用"黑式"公关转危为安，在舆论的风口浪尖得以幸免。

正所谓"越黑越红"，自黑的本意并不是真的"黑"，而是传达一种态度：敢于自黑就不怕来自他人的恶意地抹黑。

当然，自黑也要掌握分寸。否则，也收不到良好的效果。

有话题：通过社交媒体，成为话题之王

社交媒体的集体爆发为网红出位提供了重要途径。相比于门户时代，社交媒体有更强的传播属性，"粉丝"也更容易聚集。

社交媒体还在持续地高速发展，如今通过微博、豆瓣、知乎等产生的网红已经让我们目不暇接。而随着视频社交平台的逐步成熟，还将更大批量地产生众多的网红。

社交媒体的出现，让很多能够创造优质内容话题的博客主成了自媒体、话题之王，其实也是小圈子里的网红。而目前正在爆发期的音频、视频社交媒体平台，都会出现具有成千上万的具有数万粉丝的网红。你如果爱唱歌，可以在唱吧做一个网红；如果你爱侃大山，可以到YY聊天室做一个网红；如果你爱安静地写东西，那可以在微信公众号里做个网红。总之条条大路通罗马，在未来有特色、有特长的人都可以用自己喜欢的方式成为"网红"。

网红利用社交媒体传播优质内容话题，让自己成为话题之王，其核心是"我有话题，等你来发现、讨论、扩散"，这可以认为是一种话题

营销方式。关于话题营销，这里整理了超能洗衣液的话题营销案例，看他们如何了解用户，通过直击内心的内容，引发情感共鸣互动，从而潜移默化地注入品牌信息，让人们接受品牌的传播诉求。

2013年，超能洗衣液一举进入市场前列，竞争更加白热化。2014年，超能需要乘胜追击，进一步扩大市场占有率，提升销量，让更多的消费者选择超能，让他们认可超能女人。一二线城市中高收入的现代职业女性，她们是妻子、女儿、妈妈、儿媳，也是公司中坚、女汉子……她们独立、自信，处处彰显新时代的女性特质。于是，超能洗衣液从"每个女人都有超能的一面，每个女人都是超能女人"的立意点出发，向全社会提出一个问题：谁是你心中的超能女人？

在预热期，选取飞行员的父亲、服装设计师的丈夫、钢管舞者的弟弟、孙俪的家人率先从男性的视角向大家讲述他们心中的超能女人。广告片以四连播方式在CCTV及全国重要卫视短时间内集中播出，瞬间成为事件引发关注，引爆话题。广告一经推出，迅速席卷优酷、腾讯、土豆、56网、爱奇异、搜狐等视频网站，引起人们积极谈论，更多人站出来真情表白，讲述自己心里的超能女人。话题"谁是你心中的超能女人？"引千万网友热议，形成口碑传播，更有网友原创视频，致敬超能女人。社会化平台微博段子手创作"十二星座看完《超能女人》后的反应"系列段子，延续热点，引发网友热议。发起微信活动《说出心中的超能女人》，引导消费者上传视频，说出他们心中的超能女人，参与热潮火爆，更多的内容被共创。激发销售或发起"谁是你心中的超能女人"终端活动。

活动在全国各大城市震撼登场，现场比分贝玩游戏，鼓励大家喊出自己心中的超能女人。人们一同前来，争相呐喊出心目中的超能女人，用实际行动传递信心，让更多女人相信自己就是超能女人。现场人气火爆，掀起销售狂潮。最终，网络端视频点击量超1220万次；微博、微信分享总数达983327次；整场活动传播覆盖12.7亿人次，远超目标2倍以上；超能市场占有率从4.7%上升到10.8%；销量比上一年提升160%。

有价值：做社交网络核爆炸的引爆中介

企业家网红之花为什么越开越艳？《中欧商业评论》2016年6月间刊的一家国际公关公司的调查认为，根源是企业家需要通过社交网络提升自己的个人威望，从而积极地维护甚至促进公司的价值。企业越来越明白：在社交网络"核爆炸"的时代，企业的风险非常大，而打造一个企业家网红，尤其是高质量的有威望的网红，使之成为企业在社交网络中的引爆中介，是企业对冲风险的成本最低、回报最高的策略之一。

企业家网红做社交网络核爆炸的引爆中介，这是企业家网红的作用，也是他的价值所在。事实上，企业家在社交网络上的存在和体现将越来越强，CEO应成为社交网络的引爆中介。

打造企业家网红，就是要使企业家成为企业在社交网络中的引爆中介，在企业乃至企业家本人的价值受到社交网络信息流巨大冲击的时刻，才能掌握主动权。因为在这样的时刻，将主动权放弃并置于竞争对手、恶意抬杠或敲诈者，或者过度抱怨的消费者手中，其结果会是非常可怕的。事实上，在互联网时代，将一切的信息由不对称变得对称，能拉近消费者和企业的距离，让消费者面对的不再是冷冰冰的产品。企业家们制造话题、塑造自身影响力，也是一个吸引"粉丝"，不断获得"粉丝"忠诚度的过程，"粉丝"忠诚度越高，企业的营销宣传活动也就越好做。

金融学里将那些容易被忽视、没有被有效确定和对冲，但后果极其严重的风险称为尾部风险。社交网络"核爆炸"将是未来数字时代，企业面对的是最大的尾部风险。打造企业家网红，使之成为企业在社交网络中的引爆中介，将是企业对冲该尾部风险的成本最低、回报最高的策略之一。换个角度说，通过企业家来营销，可以降低打广告做宣传的高额成本，这是传统营销方式的一个升级。"粉丝"喜欢你这个人进而去购买你的产品，他对价格就不会那么敏感，且会有一些情感附加值在里面，这就能在无形中提升利润空间。

举世震惊的四川汶川大地震后，社会各界纷纷捐款捐物，人们的互助热情被瞬间点燃。而就在此时，名不见经传的凉茶饮料"王老吉"的生产企业加多宝集团捐出了人民币1亿元的巨额资金，这无疑出乎广大网友的意料之外，当然也感动了千千万万的中国人。此后不久，网络上就出现了一个"封杀王老吉"的帖子："王老吉你够狠，胆敢是王石的200倍！为了整治这个嚣张的企业，买光超市的王老吉，上一罐买一罐，不买的就不要顶这个帖子了。"该帖子一出，网友们纷纷响应。每时每刻都会有网友到超市大批量地购买王老吉，并拍下照片发到网上，声称

"看，我又封杀了一家。"不可否认，该帖子的确很有号召力，就在短短时间内王老吉的销量立刻大增，很多地区的超市竟然出现了断货的现象，王老吉本身也成为国内无人不知的凉茶品牌。

就是这样一个善举，让人们对一家企业的感情产生了翻天覆地的变化，这无疑不引起人们的广泛讨论。在此次汶川地震中，事实上也有其他企业捐款超过加多宝集团的，但是取得的综合效应却不明显。策划机构营销专家孔长春先生认为：对以网络进行炒作的事件营销，创意是网络营销推广的原动力所在。我们一定要更加坚信：网络的事件营销带给企业的巨大影响力和实效力，可以产生巨大的经济效益，而做网络事件营销最大的困难就是挑战网络创意的极限。

加拿大经济学学会曾在2013年发表了一篇调研报告，用博弈论来分析社交网络核爆炸对企业威望的影响，其量化分析得出的结论之一就是：如果企业要降低应对社交网络"核爆炸"的处理成本，就必须在平时大力投资高质量的威望资产。而很多实证研究表明，一个好的网红企业家可以成为企业价值最高的威望资产。

社交网络"核爆炸"给予企业巨大的尾部风险，其出现频率会越来越频繁，破坏力会越来越强，而且其发挥破坏力的杠杆也会越来越大，网红企业家在关键时刻可以成为企业的安全气囊。拥有这样一个网红企业家将是企业最大的比较优势之一。网红企业家顶级如乔布斯者，通过社交网络直播一个产品发布会，就能使其销售额和股价暴涨。乔布斯以孤独的工匠精神，打造了独一无二的苹果手机，并创造了全新的用户网络界面，之后成为全球追捧的偶像。另一方面，我们不能因为网红企业家这片森林里有一棵树叫做乔布斯，就认为整个森林里的树都是乔布斯。在这里，博弈理论对企业威望和社交媒体关系的定量分析成果就显得尤其珍贵。

一个好的网红企业家可以成为企业价值最高的威望资产！

第四章

头条思维的价值

　　每一家成功企业的后面，都有一个出色的企业家。微软的比尔·盖茨、GE 的韦尔奇、搜狐的张朝阳、海尔的张瑞敏等，他们的一举一动都代表着企业的形象，传播着企业、品牌给公众带来的信息或者利益。按照爱屋及乌的理论，如果你对一个企业家有好感，也会对其公司的产品和服务有好感，反之亦然。由此也可以看出具有头条思维的企业领导者对企业的价值。

用头条思维打造品牌爆点

按照尼尔森2015年的一项调查，网红的推荐几乎可以和朋友或者家人的推荐具有同样的可信度，80%的全球消费者会采取相信的态度。在美国，从2013年开始，大量主流品牌对网红表现出浓厚的兴趣，并且愿意帮助网红构建有效的市场形象。如果企业家也是网红，其大量"粉丝"也是企业市场的"粉丝"，将对市场推广起到强大的推广作用。

为什么企业家网红能够拥有大量粉丝并对市场推广起到强大作用？其实是善于进行病毒营销和内容创造能力带来的效果，这也是网红老板通过做推广来体现其价值的必不可少的两项基本功。

营销的本质就是流量管理。你做了一款产品，产品不错，价格公道，但唯一的问题是知名度太低，意向购买流量不足，其实就是大家都不知道你。这就得靠营销！但消费者无处不在、无时不有，如同脱离了鱼缸冲入大海的鱼儿一样，抓之不着且捉摸不定。于是，只能"吸引"消费者，即以"吸引"为主要手段进行病毒营销。

如果说病毒营销是企业的王冠的话，那么内容创造能力就是王冠上的明珠。2017年，移动社交趋势加速，基于技术和数据下的内容营销，已成为企业家和创业者的当务之急。

产品就是内容，品牌更是内容，广告是100%的内容，公关也是内容。企业家自己也必须具备一名网红的基本素养。如同想到联想就想到柳传志，想到娃哈哈就想到宗庆后一样，企业家首先要有拿得出手的内容。没有内容，不能传播，这一点也不夸张。商业激荡几十年，从来没有像现在这样对管理团队提出如此之高的聚焦内容创造的要求。

从媒介购买者，变身成为内容创造者，这是大众消费品行业的趋势。这个趋势要求我们，必须从传播的角度审视品牌，从内容的角度审视传播渠道，从互联网的角度审视产品。在这里，新媒体绝不可忽视。新媒体的互动包括点赞、转发和评论，其中内容互动最常见的反馈就是点赞，点赞尽管是非常微弱的一种认同，但赞一个社交页面依旧能改变行为和增加销量。

在企业实践中，能否重点推广一些忠诚客户的帖子，能够十分有效地影响客户的行为，帮助公司获得巨大的价值，这是网红企业家应该关注的。所以，首先要监控企业自身的社交网络渠道，发掘有说服力的认同话语，然后将这些语言融合到自己的营销信息中去。或者花钱请意见领袖试用本品牌，并将代言内容发送给关注者。当然，这在国内企业的营销实战中已经是很平常的方式。

总之，希望通过病毒营销的方式，能将产品和品牌信息，变成大家喜闻乐见的"病毒"；通过对市场的深刻洞察，能把握住对年轻一代的感召元素的选择，争抢到话语权争夺中被放大的东西，建立起生动鲜明而且与年轻一代的价值观体系建立深刻的管理和情感共鸣，最终实现线上线下精准流量的聚合和转化。

建立企业家的个人品牌

　　企业家个人品牌的作用不仅体现在企业发展上，也体现在社会价值上。其中主要体现在对人力资源管理、企业绩效和社会责任的作用上。下面对这些方面进行全面阐述。

　　第一，企业家品牌对人力资源管理的贡献。良好的企业家品牌，不仅可以提升企业人力资源管理的有效性，且有助于吸引、招聘和留住优秀人才、理顺和加强劳资关系、提高员工对企业的忠诚度，增强员工的归属感和荣誉感，同时也能反映员工与客户对企业文化的体验与认同。企业家品牌能够赢得公司内部现有人才的信赖、提高外部人才加入的意愿与评价、吸引优秀的离职员工重回公司，以及在其他人才主要来源中建立良好的形象，也对人力资源管理从人力资源规划、员工招聘与配置、人才测评、绩效管理、培训开发方面提出更高的挑战。

　　一是人才引进的助推剂。高新技术企业，特别是技术人才的引进尤为重要。塑造良好的企业家品牌对人才招聘影响深远。尊重员工的个性发展和帮助指导职业发展规划，从"干一行爱一行"向"爱一行干一行"转变；企业家品牌是企业品牌的核心要素之一，是企业品牌经营的重要内容，也是企业核心的无形资产。彭剑峰曾说："对于一个企业来讲，我们说品牌是企业最重要的核心资产，是企业核心竞争力的源泉。企业家是最佳雇主品牌的代言人。企业家品牌的建立对缓解目前跳槽日益频繁的科研技术来说，无疑是一道曙光。"中华英才网曾针对大学生心目中最佳雇主的一项调查显示：海尔集团是大学生最认同的企业，得票数为988人，占总票数的8.59%；其次为IBM公司，共有939票，占总票数的8.16%；紧随其后的企业排名依次为微软、联想电脑、宝洁等。据调查分析，大学生投票最佳雇主是基于对企业家个人魅力和管理才能所折服。由此可见，企业家的个人魅力是人才引进的助推剂。

二是客户满意度和员工忠诚度的利剑。企业家品牌所赞扬和宣导的精神与企业实际贯彻的行动一致时，员工的凝聚力和服务意识会随着企业家的个人意识而不断转移。企业家要求什么，员工执行什么，良好的企业家品牌对增强客户满意度和员工忠诚度有着潜移默化的作用。星巴克的一句话"我们照顾雇员，他们照顾顾客"就说明了这一道理，星巴克坚信只有照顾好顾客、顾客满意才可能给企业带来好的回报。优质的服务，来源于满意的员工，员工的满意很大程度大出自对企业家个人品牌的认同。

第二，企业家品牌对企业绩效的影响。在企业绩效方面，企业家品牌的影响主要体现在以下两个方面：

一是企业家品牌能够增强企业品牌的无形资产。企业家品牌作为企业品牌的一部分，很多求职者往往也是雇主产品的消费者，企业家品牌效应在人力资源市场乃至产品市场上都是一个宝贵的无形资产。即最佳企业家拥有最敬业的员工，而最敬业的员工为企业带来卓越的经营结果。最佳雇主对员工的投入产生了明显的回报。与其他的公司相比，他们在许多财务指标上均展现出更加出色的经营业绩。企业家品牌通过提升领导力，让管理者有效地与员工沟通，让员工理解并积极分担企业愿景与目标；通过有效的认可和激励机制，帮助员工提高绩效，不断激励员工实现出色的业绩；通过创造积极的工作环境，改善管理政策、程序及工具，赋予员工具有挑战性的工作，不断让员工"受到鼓舞"，从而自愿付出更多的努力达成更高的绩效目标。

二是企业家品牌的关系营销能力在一定程度上是高于产品品牌营销能力的，在与利益相关者的交往中往往是以个人形象出现的，即个人的信誉、人格魅力在社会网络中起了非常重要的作用。但企业家品牌的这种关系网络对企业起到正面的影响。比如创业型企业往往缺乏现成的产品、先进的技术、长期的客户关系、有经验的管理团队以及良好的声誉，但它们的企业家能够通过网络活动以低于市场价格、低交易成本获取有价值的资源、销售渠道，并实现产品服务的市场化及竞争优势。企业家品牌这种关系网络不仅仅在企业成长的初期或者某个特殊的阶段起到至关重要的作用，即使在企业成长以后，企业家品牌的这种关系网络也同样发挥着类似的作用，企业家品牌往往就是通过这种关系网络而积累足够的社会资本，并借助网络的信息优势而缓解成长过程中的不确定性。所以，成功地借助关系网络将长期地影响企业的市场绩效，影响企业的生存与发展。

第三，企业家品牌对社会责任的作用。企业家品牌对国家和民族命运的关注，不是停留在表面，而是实实在在地承担起社会责任。

一是公司的社会责任。深圳宝安一家生产电器和玩具的大型制造企业，经过充分准备迎来了德国某著名音响公司。检查人员在照例核查员工档案记录时，发现一个员工进厂时年龄不足16岁，当即叫来员工查证，结果情况属实，德国某著名音响公司人员随即离去。就这样，一个遗留童工问题让这家公司丢掉了一次与跨国公司合作的机会。据统计，绝大多数的欧美著名公司的年报中，都应股东要求增加社会责任审核的内容。近年来，深圳当代社会观察研究所受到委托，为一些跨国公司评价其年报中的社会责任内容。比如，按照要求员工守则以及相应的企业规章制度必须公开张贴在车间里。这原本是一件小事，但是，一些企业的负责人由于思想上不重视，只是随便在办公室里贴贴而已。又比如消防设施放置的高度、洗手间蹲位与员工人数之间的比例等。正是这些"小事"往往使得检查难以通过。

二是诚信是企业家品牌的基础，也是市场经济的基石，更是企业家的社会责任。市场经济是诚信的经济，是有严格规则的经济。企业家是规则的遵守者，更是维护者。以企业家品牌的诚信，承担起遵守和维护市场经济秩序的责任，在现阶段往往要以牺牲企业的部分经济利益为代价。企业家品牌甚至面临社会责任与企业暂时利益的抉择。而目前的市场环境，特别是污染、非环保行业市场，对企业家责任的呼唤尤其迫切。因此，在市场经济的建设和形成过程中，需要更多有社会责任感，勇于做出牺牲的企业家，保护并提升企业家品牌。虽然这对于企业家而言暂时是痛苦的。

总之，企业实施或建立企业家品牌，不仅是为了提高企业或企业家个人的品牌和形象，更是企业本身的道德和伦理行为所要求的社会责任感的体现。

掌握头条思维，沟通轻而易举

如今，员工的自我实现欲望增强，消费者的消费行为多变，投资人对项目的选择愈加慎重，这些都让企业如履薄冰。如果一个企业家成为网红，则可以更好地连接消费者、员工和投资人。

现在的消费者更愿意选择爱用社交媒体的企业高管的公司产品，Weber Shandwick市场研究公司研究发现，有近半数的消费者表示，如果企业高管使用社交媒体，他们会更信任这家公司，认为如果企业高管使用社交媒体，那么他们具备更强的领导力。

网红企业家有让粉丝欲罢不能的能力，比如人格化、高黏度、高互动、强烈的存在感，他们更了解用户，也更了解员工，能够在职权范围内给员工发挥自我优势的最大限度。"80后""90后"的成长环境相对舒适，他们希望在工作中实现自我，网红企业家让他们看到了这样的可能性。网红企业家不会用制度过多地束缚员工，能给他们宽松的环境，通过与"粉丝"互动，充分发挥主观能动性，和企业同生存、共发展，为用户提供个性需求，创造属于互联网时代的经济价值。

　　马云曾在北京买了一个大雕塑，是一个3.6米高的光屁股大汉，全身裸体。马云买回来后就放在公司大楼里，这引起了公司同事的一片争论。很多同事都说这个东西太黄了，为什么老板还要把它搬回来？这一定是有目的的。于是，各种各样的猜测、各种各样的说法也很多。甚至还引来了参观的人，他们也对阿里巴巴大楼里放这么一个光屁股男人的原因感兴趣。时间一长，有些员工甚至想做一条短裤给这个雕塑穿上。终于，在一次员工讨论会上，有员工问马云在公司放这么一个光屁股的雕塑到底是为什么呢？马云回答说没有什么特别的原因，关于美哪儿有什么统一的标准呢，他只是觉得这个雕塑就挺美的。他甚至还追问员工道："你喜欢吗？"这个员工说喜欢，马云说很好；那个员工说不喜欢，马云也说很好。我们就需要这种思想，让每个人发表不同的观点，但是最终作出决定，还得往前走。所以马云看到的"80后""90后"，他们为全人类承担责任，为这代人争光，不是为某一个群体。所以，马云更愿意给他们一些信任、支持。

　　和员工沟通如此，与投资人之间沟通更是时刻发生冲突而又彼此难以割舍的关系。当企业家最需要资金的时候，投资人的审慎态度反而会被强化，投资人的热情高涨的时候，企业家的危机意识反而被增强了。在这种微妙的关系中，网红企业家因其平时更受大家的关注而更具竞争力，因为投资人可以从他们的频繁"出镜"中感受到企业家的魅力，也能看出这家企业的实力，从而进行理性投资。

用头条思维激励员工

有市场研究机构的研究发现，52%的员工表示一个网红老板会让他们感觉更有灵感去执行并超越，而灵感和指引作用会使员工更愿意留在企业里。

从营销的角度来说，企业家成为网红也属于全网营销的一个环节，企业家与"粉丝"互动的同时也是员工学习营销技巧、寻找灵感的一个机会。互联网时代，用户需求变化太快，员工在管理者的带领下能够深切感受到用户的需求变化，学习互联网时代的营销技巧。与其花重金为企业做宣传，不如先把钱花在员工身上，赢得员工的认可，让员工无意识中成为企业的"宣传者"。

王思聪成为网红后迅速整合电竞、体育、游戏等行业，借助网红热潮链接实体企业和投资项目，彻底打通上下游产业链，在网友陪他刷微博的同时，他已经悄悄赚了几个亿。而王思聪旗下的员工跟着他玩转各行业时也会找到不同行业之间的衔接点，在以后的工作中也能把一些营销技能以及过程中闪现出来的灵感应用到工作中，不仅能为企业创造价值，也能提升员工的个人能力，甚至能塑造员工的个人品牌。

要让灵感和指引发挥作用，关键在于激活员工的个性。网红企业家生活化的场景更能激发员工的个性，带动员工工作的热情，让员工看到领导的多重角色，减少对企业家的刻板印象。比如王健林在万达公司年会上大展歌喉，不仅征服了自己的员工，也征服了无数网友。

顺丰是如何激励员工的呢？

众所周知，顺丰的工资高出同行业很多，在顺丰，一般快递员月薪都能拿到5000～7000元，部分老员工可以拿到10000元以上，甚至少部分客户多的快递员每月可以拿到15000到20000的高薪。如此，员工的忠诚度又怎么会不高呢？

在顺丰，传递就是一种情怀，他们不仅着眼于快递，而且真正做到速运。其他快递公司做不到的，顺丰可以，其他快递公司能做到的，顺丰可以做得更好，正所谓人无我有，人有我优。

在快递业的早期，大家都是采取加盟模式发展，顺丰也一样，每进入一个陌生的地区，就找一个当地的公司作为加盟商，总部提供统一的品牌、物流、管理，然后收取加盟费。但这种加盟模式的弊端就是地方加盟公司财产归加盟商个人所有，快递员的直接老板是地方公司老板，这种情况下，管理很难规范。于是在2000年初，顺丰彻底改造成了一家直营快递公司。由快递员在城市里承包自己的片区，别人不会来抢你的，但是如果你的片区业务量增长缓慢，一定时间内没有起色，就换人。在薪酬体制上，顺丰的快递员送的快件越多，挣的也就越多，而且上不封顶。这样，每个快递员在顺丰都是给自己打工。

随着业务的发展，顺丰也注意到有些跟不上公司节奏的老员工，顺丰没有选择忽略他们的存在，或者无情地淘汰他们，而是通过开"黑客"这种创业、创新来帮助员工寻找个人的定位，也就是让员工明白顺丰不仅仅是帮老板挣钱，还有大家共同的情怀。

这也就不难理解顺丰的员工为何会拼命地工作，就是在这样的精神感召下，每个员工不仅仅是为了个人生计而工作，更是为了自己的梦想和信仰而工作。

顺丰启示所有的企业家，在进行员工激励的过程中，必须搞清楚员工为什么跟着我们干，为什么会在这个公司里面做。一个企业家如果有强大的个人魅力，时刻成为员工关注的中心，甚至成为员工的信仰，那就是激励的最高层次了。

对于"80后""90后"员工来说，他们需要在工作中释放自己，实现自我，喜欢用社交媒体的老板会更有领导力，企业家成为网红让员工感觉和领导更接近，代沟减少，企业家不再是高高在上的了。因此，网红企业领导者在展现自我的同时也能激发员工的个性，让员工把自己的兴趣爱好带到工作中。

正确地"秀"出企业家的头条思维

今天，作秀已成为现代商业舞台中一种特有的景致，在这股新浪潮中，地产、IT、家电等行业的企业家充当了领风气之先的角色。从做广告形象人到身背旅行包现身新闻发布会，从攀登珠穆朗玛峰到娱乐化生存，企业家们形形色色的公开表演引来人们种种关于作秀还是做广告的议论。勇于作秀并且善于作秀，似乎已经成为新经济时代里的生存法则。

网红企业家要使自己能够正确地"作秀"，关键在于正确地对待舆情。有些时候，即使企业家并非有意而为，舆论仍有可能将其言行解读为"营销"，甚至"作秀"。公众之所以如此严苛，一方面，许多企业家既是企业高管，同时也是社会名人，具有多重身份；另一方面，则与企业家在互联网时代越来越擅长借机营销以至于引发公众厌烦有关，现实中也确实有不少企业高管有预谋地借某些社会热点问题进行自身或企业品牌的炒作。舆情如此，这就需要清晰地认识到自身言行与企业品牌形象是无法完全切割的，更重要的是能够持久地做同一件事、"知行合一"，方能打消公众对"作秀""炒作"的疑虑。

在这方面，"地产大佬"潘石屹是企业家中以"爱作秀且善作秀"而出名的代表人物。这位中国房地产界最有争议的人总是以不断的"创新"精神为人们制造新的轰动和概念，不喜欢安分守己的潘石屹，以自己的行为挑战着中国房地产业的秩序与戒律。潘石屹张扬个性，标新立异，破坏规则，前卫、时尚、新潮，喜欢作秀，他如同一个离经叛道的青年，始终处于是非和争论的漩涡，始终处于中国房地产界的潮流前线：他一次次地把概念玩活，把坏事变为好事，把有利的和没利的事情都变为公关和营销手段。这个公司甚至都有些娱乐化了，它的老板潘石屹就公开声称自己是章子怡式的娱乐人物，并准备把这种娱乐化进行到底，因为"太严肃了，太一本正经了，太装模作样了，不真实，谁看呀？"

蒂姆·库克，现任苹果公司首席执行官，这位乔布斯的继任者似乎从未远离过新闻的头条，或收获誉美之词，或遭到舆论的非议。但有一点不可否认，那就是在他的带领之下，苹果公司的股票已经在乔布斯去世之后上涨了超过230%。

蒂姆·库克工作之外的爱好不多，喜欢骑自行车、户外运动和看奥本大学的橄榄球比赛，同时是个健身爱好者，喜欢去健身房。与史蒂夫·乔布斯一样是工作狂，他通常在早上四点半开始发电子邮件，曾经为了下一周的事情，在周日晚上用电话开会。尽管蒂姆·库克在很多方面与乔布斯正好相反，但他与乔布斯一样对工作都非常执着，要求苛刻。

2014年，库克在《商业周刊》发布文章，公开承认自己是同性恋者，他写到："我很荣幸能领导这样一家公司，它长期倡导人权和平等。我们在国会坚决支持职场平等法案，同时坚定支持在加州实现婚姻平等。当亚利桑那州通过针对同性恋的歧视性法案时，我们站出来抗议。我们将继续为我们支持的价值观而奋斗，我相信这家公司的任何CEO，无论种族、性别或性取向，都会做同样的决定。"关于这个消息，虽然人们每年都会在硅谷的LGBT游行上看到库克向民众分发彩虹旗包裹着的iTunes礼品卡的身影，这无疑从侧面证实了关于库克是男同性恋的传闻。在西方，LGBT并不仅限于个人性取向的主张，而是代表着平权运动的荣光延续，且逐渐成为捍卫公民权利、反对歧视迫害的一种社会风潮。

其实，库克本可不必卷入这种对其私生活并无益处甚至可能会给公司带来风险的活动，但实际的最终结果却出乎人的意料——无论是苹果的员工还是股东，都对库克的个人选择表示了赞同，甚至引发了社会对这一议题的大讨论。

企业家成为网红是企业家的明星化，不过从这种意义上说，中国企业家不是"过度明星化"，而是明星化不得其法。正确地"作秀"，才能避免舆情危机，也才能真正发挥网红企业家的价值！

第五章

企业家头条思维修炼八大秘籍

企业家不仅是企业的贡献因素，他还会被视为风险因素，企业家不仅要发挥引导作用，也要限制自身的负面作用。企业家形象传播的针对性与有效性也应该通过有效的形象营销计划加以规范和发展。

企业家必知的"网红基因"

传统企业的很多老板们往往认为，成为网红很有难度，网红都是些年轻人，距离自己太遥远。但真的是这样吗？其实不是的。事实上，传统企业老板们一直都在不同的场合争做"网红"，比如在饭桌上介绍自己企业的产品，在会场推荐自己的公司等。他们很善于给大家讲自己的发家史和企业的发展历程，并用案例从侧面描述自己的产品优势。这些都是网红基因。老板们往往依靠个人魅力和能力，在传统商业模式的交流场合接单或给公司做品牌宣传。所以老板们实际上都是潜在网红！

以色列新锐历史学家尤瓦尔·赫拉利在他新作《人类简史》中说，被历史沉淀下来的物种，不是因为天生基因的好与坏，而是那些最努力的强基因物种的结果。同样的，时代在呼唤企业家网红，因为他们能在这个新的时代里以全新的方式引领、传承和发扬企业家精神。

企业家网红至少包含以下三个关键要素：心本管理、心智连接和行为底线。

一是心本管理。对于企业家而言，心本管理的核心精神就是活出心本来的样子，这个样子就是"无我利他"。这样的领导者其核心特质是：有激情、能够并善于欣赏他人、有爱、有付出、有承诺、用使命感召自己和他人、负责任、勇敢、执着、创新、有前瞻性、富有并传播正能量等。例如乔布斯、扎克伯格、任正非等，他们在心灵上有更强的人文关怀价值主张，骨子里相信利他就是利己，一切为用户创造价值；在思想上有更强的是非认知和坚守，不会在浮躁中随波逐流；在行动上有更强的执行力，持之以恒地将愿景转变成高品质的产品和服务。

以乔布斯为例，他以执着精神打造了苹果手机，并创造了全新的用户网络界面，之后成为全球追捧的偶像。但是，人们的误区往往在于，只愿意看到和模仿乔布斯每一次酷炫的产品展示，却不思考，如果没有好产品，酷炫就只能是虚假的编造。人们也将雷军比喻成中国的乔布斯，很多人也只在乎小米的表面，羡慕他掀起"粉丝经济"后成了企业家网红的传奇，但看不见他多少年执着的积累与整合跨界新型商业生态平台的坚守。乔布斯、雷军都是因善于心本管理后而成为网红的案例。

二是心智连接。心智连接是一种双向的强关系连接，而非单向的短暂博眼球，因此是有效的品牌建设，并能形成品牌代言。心智连接需要双边有智力或情感的深度互动。其内在本质是，企业家通过引领商业的价值主张，将企业的创新成果，以互联网多媒体的新方式传播给大众，以此成就分享创新、众创共赢、引领新商业文明的领导人。

企业家网红的心智连接作用，可以通过分享企业个性化平台的创新成果，潜在地连接数十亿用户，高效地号召用户参与和互动创新过程。用户的天赋、对企业产品的所思所想，远远超过你的想象。雷军的做法就是这种类型。用户对提高产品设计、服务质量的意见，以及他们对企业家价值观的深刻认同和热情，都会变成企业家网红的品牌影响力。心智连接还可以巧妙地通过分享企业的价值主张，让潜在用户转变成客户。

任正非是一个几乎不在网络上主动抛头露面的企业家网红，但是，他在企业内部的每一次讲话，都能恰到好处地被"流传"到商界、媒体，能很好地配合企业产品的发售。华为这么做，是因为其产品本身与任正非的价值主张遥相呼应，它们为任正非的每一次发言形成了背书。华为产品才是真正的"网红"，而任正非的低调就是最高声的品牌传播。对于大多数企业家来说，如果没有华为低调做产品、办企业的本事，如果没有驾驭战略创新的能力，千万不要成为网红后就随随便便地代言自己的产品，因为这样往往会弄巧成拙。网红的真正崇拜者，通常有足够的智商，能判断你的动机，评估你的水平，感受你对他的"客户意识"。而跟风的"粉丝"，大都是短暂的过眼云烟，善于心智连接的企业家网红是不会在意他们一时的热捧或半时的吐槽的。

三是行为底线。行为底线是善于心本管理的企业家网红最有能力践行的。这是因为，一个人的价值主张，通常会在如何对规则行为上留下痕迹。重塑企业家网红，需要从行为底线的细节做起，拒绝短期的诱惑。

以下六项行为底线是基本规则，不仅针对企业家网红，而且对所有网红都适用：其一，网红背书必须反映背书人的诚实和品质，而不能将劣质产品宣称为良品。"最好的前10""能让你年轻10岁""保证每年增长150%"等承诺不能轻易许下，更不能是网红自己都不用的产品，却说产品是最好的。其二，网红代言必须披露其与被代言者或媒体平台的利益关系。这包括是否有背书的支付、是否有点击率的分成、是否有公司股权、是否与公司领导有特殊关系等；每一个背书都需要有一个单独的披露，让大众能透明地看到。其三，网红对产品或服务的描述，必须反映事实，而不能夸大其词。例如，如果一般人的消费减肥饮食没有在两周内掉10公斤，那么，企业和网红就不能承诺可以减肥10公斤。其四，网红的代言不应该欺骗任何一个少数群体。如果一个搜索引擎因收取第三方费用而将其列为"最好的搜索结果"，那么，大众就会被这少数人欺骗。这个理念适用于所有的社交媒体。其五，网红千万不能使用虚假调查数据，暗意有标志性的广泛观众的认可。如"我们平台有1000万成员，96%喜欢该产品""我的博客每月有1亿人访问"等没有权威出处的数据是不允许乱用的。其六，与网红和公司连接的平台，必须只接受严格遵循以上规则的成员，否则，也会混淆视听。

说到底，网红模式不可复制，企业家和企业如果没有强基因而成为网红，就只会对自家的企业、对商业、对社会增添浮夸的噪音，严重的还会捧杀企业家精神。相反，如果以强基因作为成为网红的前提，那么这个时代将传播更多的正能量。

总之，作为一个企业家，如果你的企业有人文关怀的价值主张，如果你的产品有独特的创新，如果你的经营有创造的实力，那么，你就应该大大方方地成为网红。唯有具有强基因的企业家网红，才有可能在这场网红的优胜劣汰竞争中引领商业的进化和突变。

敢于露脸，增强公众影响力

互联网时代，更多的企业家从幕后走向前台，担任起自家企业品牌的形象代言人，把自己的个人生活有意无意地展示在网络大众面前，成为"企业家网红"。下面来看一则来自网上的"企业家网红"引爆浙大的消息。

2017年1月5日，企业家超级网红大赛第二轮颁奖典礼在浙江大学永谦剧场隆重举办。据活动组委会透露，截至第二轮票选活动结束，共有5万多名企业家报名参加评选，超过25万名观众参与活动投票，现场累计送出1100多台iPhone7。

本次票选活动以"我是老板，我为公司代言"为主题，具有创新精神的中小企业家、合伙人和创业者均可报名参赛，从幕后走到前台，为自己的企业品牌和产品站台。

公众可以通过大赛活动平台刷脸APP进行投票，参与投票者每投一票就能获得福气红包和财神卡片，集齐东南西北正五路财神就能赢得iPhone7大奖。

"改变你的链接，不同的时代应有不同的方式。"作为本次大赛技术支持方，脸谱中国董事长郑建武在颁奖典礼上表示，"企业家超级网红大赛"的目的是帮助中小微企业打造自己品牌的代言人，扩大企业的影响力，解决其客户少、引流贵、融资难等问题，助推国家"互联网+"政策落地生花。

创新驱动发展，"互联网+"时代的到来并非是实体经济的颠覆，而是实体产业的转型升级。利用互联网工具，构建以客群为中心，以物以类聚到人以群分的社群经营平台，建立企业家和客户的有效链接，必将成为未来商业发展的新模式。

事实说明，企业家网红比一般网红具有更大的社会影响力，也具有网红的普遍特性。在这个互联网时代，企业家如果只在幕后运筹帷幄已经不行了，企业家还需要努力走到前台，上头条、当网红！只有敢于走到前台，才有更多、更好的机会增强公众影响力。

现在是一个网络时代，一个品牌人格化的时代，这两者的交汇点就是企业家必须走向前台，跟社会通过社交化手段沟通，来增强公众影响力。但是在这个背景下，也应注意不要弄巧成拙，亮相越多言多必失，企业家走到前台在涉及公司信息披露的时候，应该有一个流程和程序。比如，王石在汶川地震发言不当以后，有一段时间，他所有外部的发言都要经过公司的公关部审核；刘强东跟"奶茶妹妹"轰轰烈烈地恋爱，也有一段时间公关部把他的微博密码改掉。企业家个人符号的应用场景、应用方式，企业是需要加以约束的，并不是说越多越好。这是企业家需要注意的。

积极宣传、推广企业

利用社交媒体，选择专业的平台拓展互动群体，以持续的优质内容宣传、推广企业，是企业家打造互联网领导力的必要方式。在这之中，利用社交媒体拓展互动群体是重要一环。拓展互动群体是为了更有效地双向交流，是持续经营社交媒体的必要措施，只有充分地拓展互动群体，才能使优质内容得以广泛传播，从而有效地宣传和推广企业。

社交媒体是人们彼此之间用来分享经历、经验和观点的工具和平台，现阶段主要包括社交网站、微博、微信、博客、论坛等。它有别于传统的电子邮件或静态网页等在线沟通工具。在社交媒体上就像是在与人交谈，轻松随意而且不断变化。对于利用社交媒体拓展互动群体，专注于黑人美发的时尚网站Un'Ruly的创始人欧皮亚女士有自己的看法。

2013年6月，欧皮亚的原创纪录片《你可以摸摸我的头发》在网上发布后，她迅速成了舆论焦点，这支纪录片在视频网站上吸引了70多万次点击量。它记录的是在纽约市举办的一场户外行为艺术，片中有三位黑人女性举着牌子，鼓励路人摸摸她们的头发。黑人女性的头发一直令很多人感到神秘，欧皮亚拍摄这支纪录片正是为了鼓励人们大大方方地讨论这一话题。这个话题确实火了起来。欧皮亚不仅听见大家在现实生活中谈论，在社交媒体上发声的人也不少。此后，她通过在多个主流社交媒体平台上与"粉丝"互动，迅速积累起了自己的顾客群。

对于企业经营者应该如何利用社交媒体拓展互动群体，提升品牌知名度，欧皮亚也给出了自己的建议。这个建议同样适用于我们在这里讨论的网红老板。

一是加群。企业老板可以加入一些相关的"群"，以便更好地与关注有关话题的网友群体进行互动。欧皮亚加入与护发有关的群后，能提高所发布的内容被正确的目标群体看到的机会。

二是不要心急。如果你总是在社交网站上发帖子，那肯定有不小的压力。你可以先选择一两个对你的公司来说效果比较好的社交网站进行深耕，不要一开始就制订过于雄心勃勃的社交媒体计划。

三是要有原创内容。社交媒体传播最快的就是原创内容，因此你要当一个"段子手"，而不是"抄袭狗"。企业老板想从社交媒体的各种杂音中脱颖而出，关键是要创作符合品牌定位的原创内容。欧皮亚推出了一项按需设计的发型服务，她只将这项服务在Un'Ruly的Instagram主页上进行了推广，并且用了原创照片和视频，为的是让顾客亲眼看到他们购买的服务很重要。事实证明，有25%的"粉丝"都成了她的顾客，这充分彰显了原创内容的效用。

四是别忘了互动。不管网友表扬还是批评，只要他们花时间对商家提出反馈，商家就应该投桃报李，抽一些时间与他们互动，要么解决他们的问题，要么多给他们一个爱上你的品牌的理由。例如，如果你经营一家餐厅，可以尝试让跟随者为新菜式命名；如果你销售运动器材，可以发布体育运动队的最新比分并邀请跟随者刊发当地体育赛事的照片和评论；如果你出售厨房设备，则可邀请跟随者发布他们最喜欢的菜谱。

在社交媒体上，可以拓展互动群体包括同领域"大V"（指身份获认证的微博意见领袖）、草根意见领袖、对公司产品和服务有所反馈的客户等。学习借鉴欧皮亚女士的方法，大V、意见领袖等就会成为你的互动群体，让他们传播你的优质内容，也就宣传和推广了企业。

拥有企业家品牌意识

知识经济时代，战略同质化、知识资本化及人才争夺等方面加速了企业在竞争中的不确定性，因此，可以通过企业家品牌建设，让企业保持并获得持续的竞争优势。GE前CEO杰克·韦尔奇、微软总裁比尔·盖茨、IBM前CEO郭仕纳等企业经理人通过公司品牌传播设计者的精心策划和设计，运用多种传播渠道和手段进行传播以及自身的努力和能力的提高，才成为人们心目中企业、品牌的传奇人物和偶像。一个基业长青的公司，最主要的并非组织架构、管理能力，而是企业文化、企业精神以及这种信念对组织内全体成员的一种协同作用与影响力，这种影响力、向心力集中体现在企业家身上，更体现在企业家能力、创新与品牌价值上。

所谓企业家品牌，是企业家在对内、外表现的一种比较稳定的心理因素或态度，包含了企业家的经营、管理能力的有形资产与企业家的名声、影响力、知名度、美誉度等无形资产。企业家的有形资产是品牌的基础，而企业家的无形资产是依托有形能力发展起来的一种无形价值，企业家品牌的有形与无形资产价值是相互依存、相互促进的。具体表现在：企业家和员工之间被广泛传播到更大范围的社会群体以及潜在雇员的一种情感关系，通过各种方式表明，企业家是值得期望、信任的雇主；企业家以为员工提供优质、特色服务为基础，在企业里建立良好的企业形象，提高企业家在吸引和留驻人才方面的知名度、美誉度，也是在潜在的员工中树立品牌，使他们愿意到企业工作，从而增强企业家个人魅力的一种营销手段。

企业家品牌效应已经得到广泛的认同，灵活运用并加以推广趋势有增无减，许多企业在品牌推广过程中，推崇总裁营销观念，这种方式可以达到事半功倍的效果。但企业家品牌与产品品牌有所不同：一是目标群体不同。产品品牌针对的是目标消费群，对顾客或消费者而言，代表的是优质产品、完善的服务与质量保障；而企业家品牌针对的是企业的人才及潜在人才，并在员工身上树立良好的形象、地位。二是范畴不同。产品品牌不能取代企业家品牌，这是因为消费者和员工关注的重点不同。华信惠悦公司对优秀人才调查结果显示，优秀人才最关心的是广阔的发展机会、工作内容能够根据个人的特点和技能进行调整以及工作的价值等。而消费者最关注的内容是什么？这因产品而异。比如，牙膏消费者关注的是洁齿、增白，而香水消费者关注的有可能是性感或神秘。三是目的不同。建立产品品牌是为了推销产品，而建立企业家品牌是为了推销一种关系，它不是产品，而是公司为雇员提供的工作环境、薪水和其他相关利益。它们所推销的事物也不同，针对的目标市场也不一样。一般来说，产品的目标市场是普通老百姓，而企业家品牌的目标市场则是少数特定的人才。

就企业家品牌的重要性而言，从国际上对企业家品牌的发展看，几乎每一家成功的企业背后都有一个巨人屹立，即企业家品牌或企业家精神的人格化。从国外一些咨询机构和公众媒体频频报到评选年度最佳雇主、百强企业看，通过媒体强势宣传，企业家的个人魅力及骄人的企业业绩，得到人们的广泛认同。了解一家公司往往通过对企业家的个人魅力与才能的一种认同，才会去了解公司的产品，进而产生一种对公司产品的忠诚度。这些企业之所以值得为其工作，是因为企业关心员工，员工能得到公平的对待、尊重及享受到优秀的工作文化，也就是说，具有企业家品牌效应的高度推动员工能够产生高的顾客满意度和成功的业绩。

从国内对企业家品牌看，企业家品牌在发达国家是以职业经理人为载体，在我国则是以总经理、董事长等为载体，用经营理念、用人理念、企业文化等因素塑造，并成为社会公认的一种品牌效应。如实干家型的企业家品牌，主要突出的是能力等有形资产，其名声、美誉度不太突出。而既有实干能力又善于通过宣传所形成的企业家品牌，对企业品牌功能能发挥更大的促进和提升。像联想柳传志、海尔张瑞敏、蒙牛牛根生、新希望集团刘永好等，都形成了企业家品牌效应，他们既是企业家自己，又代表企业，如提起张瑞敏就让人想到海尔，一说到牛根生就让人想起蒙牛。他们作为社会名流而存在，自身的美誉度为企业增加了不少无形资产，频繁的社交活动和公众亮相率实际上给企业品牌做了免费广告。

惠普公司前CKO高建华在《笑着离开惠普》一书中提出："一个企业如果经营得好，可以赚到钱；一个企业如果管理得好，可以很健康；而唯有当一个企业文化好的时候，才会令员工快乐地工作。"其实，企业家品牌好的公司，可以成为赚钱、健康和文化好的公司。所以，企业家品牌不仅是形成整体品牌的第一步，也是整体品牌的重要组成部分，是企业整体品牌形象的基础，没有良好的企业家品牌形象，企业就很难拥有像"诸葛亮""赵云"这样优秀的人才，即使一旦拥有也很难留住这些优秀的人才，这是由于在企业家品牌形象不好的企业里工作，员工会感到心情压抑或沮丧，试想在这样的企业里员工怎么会有工作动力或又何谈快乐。快乐工作是一切财富创造过程的基础，员工不能快乐工作，其他硬件设施再好也很难发挥出应有的效率，甚至导致人才难留、事业难成的局面。

树立个人品牌与企业品牌

　　是专家型企业家还是公关型企业家？是创新型企业家还是传统型企业家？是冒险型企业家还是稳健型企业家？是豪放型企业家还是婉约型企业家？是战略型企业家还是策略型企业家……企业家个人品牌打造必须先做好定位，并与企业品牌定位一致。

　　定位决定地位！树立一个独特的定位，开创一个自己的全新领域或理念，让自身的特质从企业家人群中显现出来，表现出来的特质就是你个人品牌的价值。个人品牌定位，要求企业家学会"说清我是谁、我将成为啥、口号挂嘴边、有为有不为"。

　　光有在大众中的认知是不够的，还要做到能认同，要告诉大家"我将成为啥"，你的理想和梦想是什么，给一个大家跟着你走的理由，并用通俗朴实的口号，让大家跟随你、走进你。柳传志的"定战略、搭班子、建团队"，冯仑的"伟大是熬出来的"、俞敏洪的"在绝望中寻找希望，人生终将辉煌"，影响了很多人，让人们喜爱他们、追随他们。

　　潘石屹不代言建材广告、姚明不代言日企广告，"有为有不为"才能更有价值、更有魅力。中国需要有责任、能担当的企业家，要受得了委屈，经得起误解，心中有国家和民众，才能受到持久的拥戴。

现实中，企业家个人品牌定位大体上有正确与不正确之分。企业家个人品牌定位完全与企业家个人性格特征紧密相连，这本无可厚非，但却并不一定是正确的品牌定位。那种近乎虚假的个人品牌营销，甚至会给企业品牌的客户带来极为不利的影响。比如，某营销策划机构的企业家个人品牌定位为"农业产业化营销专家"，然而，其本人甚至对农村农业农民都少有了解，纯粹是一种虚假的个人品牌塑造行为。正确的个人品牌定位是指你准备吸引哪一部分人群，成为这部分人群的良师益友。聪明的成功的企业家往往能在其个人品牌塑造过程中有效利用个人性格特征，尽量规避个人性格特征中不适合品牌定位的部分。现代的互联网新媒体的出现，企业家个人品牌的打造甚至与企业家本人存在着非常巨大的差别，这就是缘于个人品牌定位与品牌的目标人群相结合的产物。

中国企业家个人品牌非常经典的要数联想控股集团董事长柳传志了，在他仍为联想集团董事局主席之时，他的个人品牌定位为"IT大佬"，后来，其顺利实现联想集团的交接班，杨元庆上位，柳传志退居联想控股集团。近年来，柳传志成功转型为投资家，先后向白酒、农业等方向发展，于是，他的个人品牌定位又顺利转型为"资本大鳄"。这是非常典型的企业家个人品牌定位与企业品牌定位相一致的典范。

此外，从海尔的张瑞敏、阿里的马云、百度的李彦宏、腾讯的马化腾、中粮的宁高宁、万达的王健林、娃哈哈的宗庆后等，表述中我们不难看到，企业品牌对企业家个人品牌的支撑力非常强大；反过来，个人品牌同样可以强化企业品牌的影响力。因此，企业家个人品牌的塑造不可孤立，它应该是企业品牌塑造的一部分，甚至被完全纳入到整个企业品牌创建体系当中。

企业家个人品牌定位一定要与他的企业有关联，让人有联想。例如，如果企业是做有机食品的，那么，企业家就要有一个清新自然的形象；如果企业是做金融类的，那么，企业家的形象就要突出规范和稳重。总的来说，企业家个人品牌定位有三大原则：以企业特性定个性，以自身性格定基调，顺应时代定风格。

第一，以企业特性定个性。这一条是本文讨论的重点。企业的文化有自己独特的特点，产品有自己的主打方向。企业领袖的品牌定位，应该与企业固有的文化和产品合拍，至少不能相抵触。企业领袖形象中有和企业文化和产品契合的特点，一定要放大凸显。

阿里巴巴做的是电商平台和互联网金融，它的企业文化是"让天下没有难做的生意"，淘宝最大的困扰是假货，支付宝的特点是诚信，所以马云表现出来的公众形象就是亲民和责任。马云在公开场合谈的多是理想和使命感，当然这也是马云自身性格和境界的真实表现。再如，百度的文化理念是"简单可信赖"，主打产品是搜索，所以李彦宏表现出来的是一个儒雅博学的形象，这也是李彦宏本身素养的真实表现。腾讯的文化理念很多，其中最主要的是"不断倾听和满足用户需求，引导并超越用户需求，赢得用户尊敬"，所以马化腾呈现出的是一个深思熟虑的产品经理形象，行事稳妥、敏思讷言、言出必行。网易要养猪，丁磊就自己先养了一头；搜狐要做视频娱乐，张朝阳就塑造时尚形象；小米要做手机，雷军就把自己变成了手机"发烧友"。

第二，以自身性格特点定基调。企业领袖之所以成为企业形象的系数，之所以具有感染力，正是因为自身的性格特点和魅力。因此，深挖、丰富这种性格魅力就成为企业领袖形象定位的重中之重。要以自身性格定基调，强调从真实出发。"罗辑思维"创始人罗振宇说："互联网的世界，真已超过了善，成为道德的最高标准。"用户的眼睛是雪亮的，互联网时代信息又是透明的，所以要真实，要敢于说自己的话，因为再高超的演技，也隐瞒不了事实真相。

周鸿祎说自己"做事比较简单，做事过于直率""特别容易得罪人"。周鸿祎有单挑腾讯的彪悍，也有《小善大爱》中为老兵擦皮鞋的率真。他正是因为真实地表现了自己的性格特性，再加上有意无意地深挖和强化，丰富了自己的形象，让许多人认为周鸿祎敢做敢言，率真可爱。正是周鸿祎的这种直率让他获得了不少"粉丝"，奇虎360也正是在这些人的支持下才能走到今天。家电行业的企业家大多行事低调、圆润温和。家电企业之间市场竞争激烈，但企业家之间多惺惺相惜。除了董明珠，在微博上很红的家电企业家为数不多，很少有人这么直接地显露自己的性格特点。具体来说，家电企业家形象定位必须首先罗列出自己性格中最有表现力的因子，然后把其中的正面因子挑拣出来并按强弱排序，最后把这些因子中最富表现力的几项作为核心，其他积极因子作为辅助，打造自己的形象基调。

第三，顺应时代定风格。互联网改变了人与人之间、组织与组织之间交互的时间与空间。人与人交流更加方便，互联网时代企业家和用户的距离大大缩短，企业家被越来越多的人了解，信息传播效率更高、成本更低。互联网时代的特点是信息透明、传播快速、沟通零距离，所以要求企业家要做到亲民，走群众路线。

总之，企业领袖的品牌个性既要有自己的性格特点，也要有企业的特性，自身性格和企业性格的交集就是要凸显的个性。企业家品牌打造的目的是在塑造企业家个人品牌的基础上，建立企业家与企业、品牌一对一的联想，从而深化并优化公众对企业、品牌的认知。你的个人品牌是企业形象和品牌形象的感性体现，个人品牌的塑造不仅要满足个人职业生涯的需要，还要将你的个性形象恰当地传播出去，与企业形象、品牌形象形成合力，以争取公众的认同与理解。企业领袖形象与企业文化和产品契合程度越高，企业产品就越容易被人们记住，企业品牌就传播得越快。

让个人品牌拥有"洪荒之力"

　　企业家的个人魅力直接影响企业发展前期的兴衰。一些国际知名企业领导人的名字与事迹一样作为一个品牌而为世人所津津称道。比如松下幸之助和松下电器公司、维达·沙宣和沙宣等，这些企业使我们看到了优秀的企业家个人品牌与企业的长盛不衰之间的某种内在关联。现在很多企业已经认识到了这点，并有意识地开始包装企业领导人的形象，不过对"企业家应该如何打造个人品牌"的理论明显滞后于其社会实践。其实，在移动互联网时代，只有赢得公众的眼球，企业家个人品牌的打造工作才算是有了实质的效果。那么，企业家应该怎样赢得公众的眼球，或者说应该怎样去打造企业家的个人品牌，才拥有"洪荒之力"呢？

　　第一，个人形象，必须具有清晰的管理形象意识。个人品牌是以个人为传播载体的，企业家的个人形象，既包括他的衣着外表，也包括他的言行举止。实际上，企业家才是这个企业最重要的形象代言人，企业家的形象直接影响着企业的形象，企业家个人的人生观、价值观、世界观以及言谈举止、服饰礼仪、个人空间、签名，还有为人处世、社交、休闲、生活喜好等特征，无一不体现着企业的精神内涵。如果企业家或衣着欠妥，或言谈欠佳，或经常失信与人，当别人遇见这些问题的时候不一定会告知你，可这些问题就会在不经意间使企业家的个人品牌形象"减分"，最终损害的是企业的形象，甚至成为导致企业失败的一个因素。

因此，作为公众人物的企业家的衣着、言行、举止等最好请专门人士担任形象顾问，像西方很多成功的企业家，很多经过品牌传播设计者的精心策划与设计，综合运用整合营销等多种传播手段后，才成为人们心目中与其企业品牌相匹配的、具有亲和力等魅力的传奇财富人物。不管企业家是这个组织的核心领导者，还是整体运作链当中的一个环节，对其形象管理都不可或缺。因此个人形象与企业形象的关联性应受到充分的重视，对于个人与企业组织间的行为边际要有严格而清晰的界定。企业家个人品牌形象的传播，要有针对性与有效性。

第二，个人风格，必须掌握最佳的均衡点。个人品牌，必须具有鲜明的个性与情感特征，企业家要真正地"包装"自我，并不等于就必须采用类似于"千人一面"的西服、领带、皮鞋等装束，这种个性的丧失同样会使个人品牌受损，应该做的是在能被大众接受的"常规"下限与超越大众"常规"但又不会让大众"讨厌"的上限之间，找寻到一个最佳均衡点，这个点就是他的个人品牌风格定位。如同企业与企业之间需要进行差异化营销一样，企业家与企业家之间也要寻求个性化的风格差异，这是打造个人品牌的关键。我们看到，国外一些成功的企业家可能有各种各样的不同类型，例如既有沃尔玛的山姆型（事无巨细，永远坐着飞机到处检察，走动管理），也有用股份吸纳人才的微软总裁比尔·盖茨，又有通用汽车的"绝对无私"型（从不与下属交往，以免破坏管理时的客观性），更有日本人松下幸之助以人为本，老家长兼哲学家式的个人风格。总之各式各样，各擅其长，同理，国内有的企业家在展示自己与他人不同的兴趣、爱好、才艺、特长的时候，人们不由自主地会对企业家的其他精神层面展开相关想象。例如，万科的王石喜欢登山，人们会对其敢于挑战自我的精神以及坚强的意志产生敬仰；搜狐张朝阳喜欢滑雪，人们会对其懂得生活的情趣产生共鸣等，这些个性特征都会为企业家的个人品牌增值。

　　此外，对家族性企业来说，家族成员的个人品牌也可以风格多元。李泽楷的果敢、率真与其父亲李嘉诚的低调、稳重风格形成鲜明对比，例如当被记者问及500万美元的投资项目半个小时就决定是否属实时，他回答说："这种传言绝对是笑话，事实是比这更短。"稳重与果敢不一定是矛盾的，"小超人"与其父亲的风格迥然不同，但正是这种不同，构成了李氏家族的另一种和谐以及薪火相传、欣欣向荣的多元化风格，从个人品牌的角度来看，获得的是"1+1＞2"的品牌叠加效应。

　　第三，个人网络，必须持久并可进行资源转化。企业家的个人品牌，必须符合大众的消费心理与审美需求。相对于大众需求来讲，企业家不能不超前，但是也不能太超前。当下我们生活在一个有形的实网与无形的虚网之中，实网是已经为生产力转化的网络资源，虚网是还没有转化但有可能转化的资源。从某种意义上来说，企业家就是这个企业最大的资源转换器，集政治、经济、文化以及资金、技术、人力、管理、渠道等所有资源整合于一身，企业家需要建立完善的对内和对外的个人关系网络，才能使虚网的资源能源源不断地向实网转化，而作为虚网与实网的交汇节点的企业家，如果具有品牌的价值越大，那么这种转化就愈加快速和有效。

企业家的网络往往也是企业战略发展的整合网络，必须网络成员保持紧密的联系，才能保证企业决策的实施和企业经营管理的高效运行。因此，企业家要在这个网络中建立个人品牌，就要多参加社交活动，融入行业内外的群体中去，通过在行业的论坛、会议、媒体，包括现在非常流行的微博、微信等社交网络，发表个人观点，宣传自己的理论，向人们传播你的认识观点、创新理论、个性能力，并且从容地去捍卫它，尽一切可能让它渐渐地为人接受，从而获得人们的认知、关注、支持。

第四，个人观点，必须鲜明独特并易于传播。语言既是思维结果的具体表述，又是沟通技巧的重要表现。无论是谈判、激励还是批评，企业家的语言都非常重要，因此企业家的个人品牌里，包含着企业家个人的交流或演讲的独特语言风格，甚至创造出一些独特的个人观点，让听者"过耳不忘"。

许多杰出的领导人和企业家都是演讲的高手。人们之所以受到他们感染，是因为他们善于运用"小故事、大道理"的方式方法与人交流，让人感受到一种力量，或给予你启发，或震撼你的心灵；同时用演讲的方式来激发你的斗志，以达到团结大众之目的，这就是语言共同的魅力。卡耐基在研究美国1万多成功人士后说道：一个人的成功，只有15%归结于他的专业知识，还有85%归于他表达思想、领导他人及呼唤起他人热情的能力。因此，成功的企业家依旧要培养讲故事的能力，打造自己的演讲风格，用坚定的信念和饱满的热情不断地激励自己并影响他人，以此塑造作为企业家的个人品牌。

第五，个人满意度，必须被公众认同。个人品牌的打造是一个长期的过程，因此必须被大众广泛接受并长期认同。与我们一般讲述的企业满意度不同，公众对企业家的社会满意度主要来自两个方面：一方面是公众对这家企业的产品或者服务的满意度，另一方面是对企业家的社会责任的满意度。

公众的满意度是一个企业赖以生存的法宝，当一家企业或其企业家有了强大的知名度等品牌效应时，我们更应该关注这个企业提供给人们的服务或是产品的满意度如何？能不能长久？因为只有满意度不断递增，才是一个企业品牌或企业家品牌持续增长的关键因子，只有具有相当高的满意度之后，企业才能体现出它存在的价值，企业家的个人品牌形象才能被刻画得鲜明动人，烙印在公众的心中。一家企业如果只顾眼前利益，不为长远着想，缺乏一种耐得住寂寞的个性，一味追求量的增长而不求质的飞跃很可能就会陷入昙花一现的悲剧。

第六，作为企业家，要具有回报社会的精神和扶助公众的情操。用实际行动去帮助社会的一些弱势困难群体，使得社会更加和谐，对社会的付出最终将会换回社会对你的丰厚回报。

这种回报当然更多地以无形资产为主，它使得代表着企业家无形资产的企业家个人品牌增值，同时这种无形资产又会在适当的时候以某种方式转化为有形资产，所以企业家做善事对企业家自己来说有百利而无一害。在中国企业家慈善榜单中频频出现的企业家们，大部分都拥有良好的个人口碑，拥有良好的个人品牌。相比之下，某些用钱摆阔、斗富的企业家的作为，增加的是人们的仇富心理，对社会和谐安定不利，最终必将影响自身的安全与企业的发展命运。

以上只是如何打造企业家个人品牌的几种简单路径，从长远来看，企业家要打造好个人品牌的关键，总体上应该做到：对周围的人或事物保持客观、平和的良好心态，不断完善自己的人格、性格、品格，不断提升自己的理念、境界与魅力，使个人和企业得以持续健康的发展，获得事业和人生修炼上的双重成功。

总之，品牌因人而异，每个企业家在打造自身品牌时也需要彰显其自身特色，才能实现差异化，创造出独特的魅力，保持个人品牌的长久生命力。所以，企业家不能简单地把自己看作一个人，而应该把自己打造成企业以及产品品牌传播的超级媒体，为企业赢得更多更好的口碑。同时，企业家个人品牌的建立过程是一种自我发现的过程。在这个过程中，你会意识到自己的个人品牌是什么，并调整自己的个人形象，使它更符合你的目标。

创建个人品牌元素

品牌最重要和基础的内容就是品牌元素，品牌元素包括外在形象、穿着打扮、气质塑造、仪表仪态、个人标签等，这些品牌元素其实就是给企业家个人贴上合适的标签。企业家如何依照个人的个性特征和职业背景来选择合适的品牌元素是非常重要的事情。

以知名的营销策划人叶茂中为例，他那深色的鸭舌帽以及上面的叶茂中营销策划机构的LOGO，黑色边框的眼镜，永远不苟言笑的一张严肃的脸，标志性的双手胸前交叉，等等，就是他为自己选择的品牌元素，以便人们不论在哪里都会一眼认出这个人是叶茂中。

很多人虽然并不是特别注重个人外在的表现，但却通过一些人物标签来体现这个人独特的品牌元素，比如雷军的"中国乔布斯"，王石的"登珠峰的王石"，再比如"热爱足球的王健林、许加印"，还有像"小品王、二人转的赵本山"等，他们虽然并非像叶茂中一样有鲜明的外在形象特征，却把自己的品牌标签经营得响当当，依然是成功的品牌元素创建方式。

按照由外而内的一般规律，视觉印象在品牌元素中应该排在第一位，视觉印象让企业家的形象可以直观而快速地传播给人们。在视觉印象中，色彩能够给人具有冲击力的第一印象，显得尤其重要。比如，红色有助于权威性的展现，在谈判时如果对方的实力高于你，你就可以用红色的外套来增强气场，增加信心。

很多男企业家不太重视着装，事实上，通过西装、衬衫、领带三要素的组合，可以简单而有效地重建自己的形象。西装是展现男企业家视觉印象的主体，俗话说："西装穿得好，保证帅到老！"男企业家运用三要素扮酷，有两条简单的法则：第一，按照颜色，两深一浅，或两浅一深，即西装、衬衫、领带这三要素任意两个是深色，一个是浅色。或者任意两个是浅色，一个是深色。前者的搭配方法，视觉印象会让人觉得更稳重。而后者会更显朝气和活力，更年轻。第二，按照花色，两花一素，或两素一花。即西装、衬衫、领带这三要素任意两个是有花纹，一个是素色。或者任意两个是素色，一个有花纹。前者更适合从事艺术行业的企业家，而后者适合普通行业。

对于女企业家来说，连衣裙是她们的法宝。首先选定色调。通常面相有距离感的大多为冷色调，而面相有亲和力的大多为暖色调。冷色调的人可选用冷色服装，例如蓝色、绿色等这些看起来比较冷静的颜色，也是非常适合职场穿着的颜色。而暖色调的人可选用暖色服装，例如红色、橙色等看起来非常温暖的颜色。具体问题需要具体分析。连衣裙有拉伸身体比例的效果，尤其是高腰连衣裙。配色应主要依据一个原则：整体搭配要有一个主色调，一个辅助色和一个点缀色，整体上下有呼应。而化妆发型与整体服装的统一，整体造型与环境的和谐也是我们需要考虑的问题。作为女企业家，穿着的色彩及配饰让你看起来更有气场，更有权威感和信任度是非常重要的。饱和度比较高的颜色和夸张的首饰会让人看起来气场更强。作为女企业家，珍珠配饰是首选。

值得注意的是，利用品牌元素塑造个人品牌不要刻意夸张而为之，要在不经意间形成个人品牌的独特品牌元素特征，需经过长期的坚持和创造而取得个人品牌的认知。这就需要企业家具备强烈的个人品牌意识，只要是公众场合的亮相，就需要保持自己一贯的风格特征，并在经意和不经意间提到自己的品牌标签。

制定专业的品牌传播策略

现代的企业家个人品牌传播非常倚重互联网新媒体，这就要求企业家个人与时俱进，成为其个人品牌传播的核心力量，带动整个团队来共同塑造企业家个人品牌。像潘石毅、任志强、杜子建等微博企业家明星就是抓住了微博这一新媒体进一步强化了其企业家个人品牌的形象。

在信息社会里，企业家对于商机的把握能力也是衡量企业家领导能力的一个标准，企业家应该敢于抓住机会，实现"惊险一跳"。创业也好，经营也好，企业家既要有谋，还要有勇，要抓住每一个可能的机会进行营销。尤其在危急时刻，往往大多数人六神无主、束手无策。在此时，如果你有足够的信心和胆量的话，那么你就应该挺身而出，临危受命，这是你树立个人品牌影响力和威信的关键时刻。

在品牌传播过程中，与其他网红企业家互动，甚至必要时采取后发制人的方式向权威发起挑战，也能够获取更多的关注和品牌影响力。

比如，著名的王健林与马云的"电商亿元赌局"。2012年12月12

日，在2012中国经济年度人物评选现场，阿里集团董事会主席兼CEO马云与大连万达集团董事长王健林进行了一场"电子商务能否取代传统实体零售"的辩论，赢得了众多眼球。

这场辩论具体是这样的。主持人说，电商来势汹汹，一个双10节，马云先生收到了191亿，面对这样的惊人数字，请问在传统零售业当中坚守的王健林先生，是羡慕是嫉妒是恨，还是什么表情？

王健林说："震撼。马云先生很厉害，但是我不认为电商出来，传统零售渠道就一定会死，基于三个理由：第一，现在电商再厉害，但是现在占的份额依然比较小，将来能不能占一半以上份额，还有待时间检验。第二，零售所有的东西，吃穿用的东西，比如我们穿衣服不完全是为了避寒，吃东西不完全是为了填饱肚子，很多人穿衣服是穿给别人看的，戴的表是给别人看的。现在消费有一个观点，叫炫耀性消费。所以，这些东西弄得再好，在公众场合展示，要走入人多的场所，所以会去零售渠道。第三，零售商不会等死，当然，在马云的冲击下，一些不思进取或者标准化的零售渠道，如果没有应对之策，可能会死掉，但是如果零售商加以自己的发扬，或者作为，线上线下结合，一定会得很好。美国前十大电商都是零售渠道的案例。"

马云反驳道："我先告诉所有的像王总这样的传统零售一个好消息，电商不可能完全取代零售行业，同时告诉你们，是基本取代你们。重要的是电子商务今天不是模式的创新，是生活方式的变革。很多人看成是商业模式，事实上它在影响一代一代人。电子商务今天只是刚刚开始，现在所做的只是对传统零售渠道的变革，未来三年五年，将进入生产制造的变革，直到影响生活方式的变革。所以，我想告诉大家的是，这只是刚刚开始。另外，今天电子商务不是想取代谁，不是想消灭谁，而是想建设更加新颖、透明、开放、公正、公平的商业环境，去支持那些未来成为中国最佳的像王健林这样的企业家。中国未来的主导中国经济的，不是马云，不是王健林，而是今天没有听见，没有见到过，甚至没有听说过，很多人可能看不见、看不起、跟不上、看不懂的年轻人，他们将取代我们，他们将成为中国经济的未来。因为他们今天正在用互联网的思想和互联网技术改变今天的商业环境。而今天真正创造一万亿的不是马云，创造一万亿的是今天可能不会回头的店小二，小年轻人，"90后""80后"，我们在街上看见的快递人员，他们正在改变今天的中国经济，而只有他们才是未来经济的希望。所以我不是取代你，而是帮助他们取代你。"

一家企业如果脱离了网络，就是脱离了这个社会最大的信息交互群体，人们往往更加愿意相信个人，从个人第一印象带入企业的形象。所以，一家公司的老板或企业家的个人魅力在未来的重要性可见一斑。

第六章

头条思维实战指南

很多传统企业家们大多低调，信奉"踏实做事，凭产品说话"的风格，但是近几年，雷军、周鸿祎这些知名企业家在媒体上大出风头，连公司广告费都省了一大半，不少老板就开始焦虑了，是不是自己也该高调一点当个网红？当网红并不难，关键是实战方法。本章给出六个实战方法，帮你做一个合格的网红。

精心包装创业故事

独立IT评论人洪波是少有的几个为腾讯说话的"大V"。他有一篇刊登在《计算机世界》的文章是关于腾讯的，其中写到：

在腾讯还没有出手的互联网领域，"小企鹅"那些潜在的竞争对手们仍是战战兢兢、如履薄冰，比如暴风影音CEO冯鑫。自从2008年9月腾讯发布了本地播放软件QQ影音首个Beta版本，冯鑫恐怕就没睡过一个好觉。因为这款无广告、无插件播放软件让暴风影音的盈利模式变得岌岌可危。而在各大视频网站因为版权打得不可开交、频频对簿公堂之时，同样有一种声音在业内流传：无论你们现在打得多欢实，等市场培育得差不多了，就该轮到腾讯来收场了。事实确实如此，QQLive的平台早就搭好了，拼版权，中国的互联网公司谁敢说自己比腾讯更有钱？

这就是腾讯，中国第一、全球第三大互联网公司，一家全球罕见的互联网全业务公司，即时通讯、门户、游戏、电子商务、搜索等无所不做。它总是默默地布局、悄无声息地出现在你的背后；它总是在最恰当的时候出来搅局，让同业者心神不定。而一旦时机成熟，它就会毫不留情地划走自己的那块蛋糕，有时它甚至会成为终结者，霸占整个市场。

洪波写博客的时候，创业还没有今天这么热，更像是互联网话题下的一个子话题，大部分科技博客的主要精力放在大公司的产品线上。今天就不一样了，人们更关注一家公司的创业故事，而创业公司一定有更曲折、更动人的创业故事，如果写出来，会很好看。所以大老板的思维也要改，要包装自己的创业故事，把自己的奋斗经历和产品发展历程编辑成易于传播、有丰富表现形式的文案。这是网络时代的一项重要技能。

现在很多商家、平台都越来越喜欢讲故事，尤其是创业故事，无论是硬广、软文，有一个吸引人的创业故事，就很容易被消费者接受。而对于一家公司来说，有一个会讲故事的老板，就更能使个人及公司的形象得以传播，也有助于招募到优秀的人才。那么，作为公司老板，如何包装自己的创业故事呢？

第一，知道谁需要听到你讲述的故事。首先来明确一下谁需要听到你们的故事。大多数企业都会通过媒体发声，但是你不能只为媒体讲故事。你需要面向公司现有或可能招聘的人才，面向消费者、合伙人甚至是竞争对手讲述你们的故事，也就是你们涉及的圈子中的所有人都需要了解你们的故事。

第二，你要知道你的故事是什么？你的故事不能按照公司发展的时间顺序来讲述。很多公司所犯的错误就是以创始人的温馨故事开场。比如："我和我的联合创始人是在××公司一起工作时认识的，我们在一起成功地开发了三款产品。整个过程很愉快，所以我们决定共同开发这款新产品，因为我们发现这个领域市场前景非常广阔。"这绝对是一种错误的方式。一个好的故事应该包括以下几个方面：一是你们提供什么；二是为谁服务；三是为什么你们与众不同。实际上，按照这个思路考虑问题对于将来发展过程中做出其他决定也会大有帮助。

第三，你的故事要告诉人们，你和你的感受能够给人提供什么，这部分要对你所进入市场的需求做一个简要的描述。一是为谁服务。消费者应该是你所讲故事的核心。有了他们你的公司才得以存在，你们的宗旨也是要服务于消费者，他们是你故事真正的主角。二是为什么你们与众不同。这部分不能仅仅列出你们的特色。"为什么你们与众不同"应该说明团队中有哪些成员，公司的价值观是怎样的以及你们所信奉的原则。公司的不同之处将会影响整个公司的文化、招聘和留住人才的能力、团队推出的产品服务以及团队的长期发展。这些因素反过来又会影响那些对你们做出评价的人：记者、消费者、合伙人和投资人等。

第四，鼓励员工讲公司的故事。团队中每个成员都应该是公司故事的讲述者，这是讲述公司故事非常有力的方式。通过这种方式讲故事的关键在于公司的内部情况应该和外宣保持一致。公司员工下班后和朋友们讲的故事应该和公司公关部门告诉媒体的一样。

在这里，我们不妨分享一个案例。Greylock是硅谷最顶尖的风投之一，视频网站Hulu创始人写过一篇名为《Hulu是什么》的文章。这篇文章为该公司吸引了许多优秀的人才。下面通过一位员工的讲述，我们可以感受到老板包装创业故事的重要作用：

我加入Greylock之前在Hulu负责宣传工作。当时我加入Hulu的一个原因就是公司创始人所写的一篇名为《Hulu是什么》的文章。这篇文章在创始人开始写代码之前就已经诞生了。

《Hulu是什么》是一篇极具挑战性的文章，它不是列出一堆要点的"公司价值观"，也不像很多公司那种满篇套话的"使命陈述"。相反，它包含了这样的内容：我们的期待非常之高，并且我们对自己是负责任的。脏活累活我们都做，公司里没有人凌驾于工作任务之上。我们都处理过无数视频缩略图，包括令人懊恼的1992季《Tequila & Bonetti》。

当我读着这个最初版本的《Hulu是什么》，我觉得疯狂、眩晕，仿佛自由落体一般，我找到了自己的归属，这就是我的家。这种状态难道不是每一个品牌营销人员希望让他们消费者感受到的吗？

这篇文章言简意赅，创始团队在写作时字斟句酌。后来加入Hulu的人都恪守着其中的准则。我们在公司会议或者团队午餐时经常会提起它，它就是我们的行为规范。但是这篇文章最重要的作用还在于它告诫不认同其价值观的人自觉走开，不要加入Hulu。有一些事情对Hulu是不重要的，包括风光的职衔、精美的办公家具、等级森严的体系以及精美的午餐（Quizno's和本地的墨西哥煎玉米卷就是我们的标准午餐）。尽管很多人表面上说不在乎这些事，但我们发现实际上很多人还是挺在乎的。不过没关系，只能说Hulu并不适合这样的人。

正是因为这篇文章，Hulu吸引到许多优秀的人才，组建了一流的开发团队，这个团队在成长的过程中保持了强烈的公司文化。这篇文章深刻地影响了我对于宣传的看法。我在Hulu工作时，我们几乎从来没有发过新闻通稿。所有的外宣都是通过我们的博客发布，直接和用户沟通。我们没有以公司的身份和消费者交流，而是作为普通人和另一些人聊一聊对我们双方都非常重要的事情。

现在，我也鼓励Greylock投资的公司写这样的文章。以我为例，我在加入Greylock时就写过一篇类似的文章，它已经成为指引我们在媒体、设计和活动方面宣传的行动指南。

在这里，给各位做营销的同仁一条建议：不要再试图美化所有事情了。找到你真正的"北极星"写下来，让它引领你们前进的方向吧。

当然，包装自己的创业故事还需要讲究一些技巧：

第一，有趣。如果传播渠道是网络，那么故事的风格一定要有趣。网络文字有自己的风格，人们在这种风格的影响下，会选择性地看自己喜欢的文字。有趣，才容易被人接受。

第二，语句简练。不要因为想卖弄自己的文采就拼命码字，句子也不要写得太长。如一篇好几千字的文章，对于微信渠道的传播就太多了，因此最好能把握整体结构，定稿在千字左右，当然这个不是绝对的。

第三，分块，并将每一个段落呈现的内容规划好。这是写创业故事非常重要的一点，因为故事是要推进的。这种推进分为两个层面，一个横向一个纵向。纵向上，故事有前后时间的发展，比如碰到什么困难了，是怎么解决的。横向上，是说一些人物特点、性格的描述，针对人和事的描述，这样故事才饱满。

　　当然，以上只是技巧的一部分。不同的情况需要不同方式来处理。比如故事体量比较大，老板个人经历也非常丰富，一直想呈现一种高大上的感觉，那么就采取一种比较正的文风来写，这样就会显得大气一些。不过，千万不要以为大气、高大上就不能和幽默、无节操相结合，只要仔细推敲，也可以二者兼修。

充分利用互联网推广工具

互联网推广工具包括微信公众号、微博、微信朋友圈、直播等。互联网推广工具的优势除了易于传播，还可以作为历史记录，从而产生信任背书的效果。

有效利用网络工具进行网络营销推广的五小步如下：

第一，相关wiki词条、百科词条的编辑。编辑wiki、百科词条的目的就是要让自己推广的对象更加具有真实性和可信度。因为wiki、百科词条的内容要求必须客观公正，因此，对于人们来说客观公正的wiki、百科词条内容更加令人信服，更加能够赢得大家的信任。同样的在网络营销能力秀中我们也涉及了wiki词条和百科词条的创建与编辑，在这一过程中必须做到的两点就是：第一，要按照规则，进行相关的范围内的词条编辑；第二，要注意内容一定要客观公正必须具有权威的参考，而且不能带有任何个人感情色彩。百科词条还可以根据相关内容给予添加图片和链接以及公正的参考资料等。而且还要注意在添加链接的时候一定要注意链接网址的规范，图片上面也不能含有明显的广告信息，否则很容易就被打回或者直接删除。还有一点就是，在编辑词条的时候增加的内容必须和词条内容相关。

第二，微博、博客"暗"营销。之所以被称为"暗"营销，是因为在利用微博、博客进行商品推广时最好不要把你的目的表现得太明显，太明显了一定会让受众感觉反感，而且很容易被管理员删除，因此软文营销比较受青睐，而且还很能吸引暗中存在的受众。当然，在进行个人品牌推广时要讲究与众不同还要信息真实，这样才有可能获得更多关注，也就是个人品牌推广的成功。

第三，互助链接。在进行互助链接交换的时候必须讲究诚信，除此之外，还要讲究沟通技巧，以获得沟通对象的信任。

第四，ASK社区的辅助作用。人们对一个商品的认识往往通过一问一答或看别人一问一答，就能更加直观地找到自己想要的信息。ASK社区问答就是一个吸引潜在受众的地方，想要了解一个产品直接的方法就是去"问"然后才能得到"答"，在能力秀里我们要做的就是找到陪你"唱双簧"的同伴，通过一问一答的形式来协作完成。如果全是自己进行，就会有很大风险。

第五，广告投放是网络营销推广的必备武器。广告能给顾客最直观的感受，通过广告消费者能够了解到商品的信息，通过前面的一些文字介绍再来一个广告，就相当于"锦上添花"。视频是最简单的方法，把它投放在空间或社区里面，既能起到推广作用，而且也不用很高额的广告拍摄费用。这也是宣传产品不可缺少的方法。

事实上，利用网络工具不止上面这些方法，还要如QQ群网站推广法、搜索引擎网站推广法、手机网站推广法、第三极网站推广法、非预期邮件网站推广法、限制内容网站推广法等等方法。有了方法后，重要的是执行力，你相信你的执行力吗？如果觉得相信自己，那就学习一下这些方法并执行，相信效果一定很好。

追逐热点，植入企业和产品宣传

追逐时事热点和自己企业产品相关的话题，植入自己的企业和产品进行宣传。追热点的东西，无论内容多么简单粗糙，几乎都能得到比平时多得多的传播。

操作过新媒体的朋友都知道，只要跟上热点，很大概率会得到转发，甚至是媒体的报道，也就能抢占最显眼的曝光位置，让更多的人看到。追热点这个事情本身符合目标受众的心理，更容易得到人们的喜欢。同样的一次转发，转发一条热点，就比转发一条普通的段子更有价值。因为它蕴含了这么一个意思：我知道这个热点，对于不知道的人，会有优越感；对于知道的人，会有认同感。同样的，两个微博，一个天天追热点，一个天天发早安晚安，哪怕内容质量一样，前者也很可能会被更多人喜欢——因为容易感觉到，前者的背后，是一个有血有肉的人，更活泼、有人性、接地气。

有人将追逐热点植入宣传称为"蹭热点"是很贴切的，这个"蹭"讲究的是"道"与"术"的结合。

反腐剧《人民的名义》热播期间，一些微信公众号纷纷借助剧中情节——特别是那位工作强势、敢于担当、大双眼皮的"达康书记"，进行相关政策解读和形象宣传。

微信公众号"广东信访"刊文《达康书记，广东信访请您看过来~》。剧中省委常委、市委书记李达康斥责光明区区长孙连城，把信访办接待上访者的小窗口开得很低，信访者半蹲着才能与接访人员对话。帖文展示了广东各地宽敞、明亮、舒适的信访大厅，还有律师、心理咨询师随时为信访者服务。如果信访者不想跑、懒得动，可以使用省、市、县三级"网上信访信息系统"，群众足不出户就能反映诉求。手指点一点，"指尖信访"不是梦。

还有一个微信公众号连发数篇《达康书记的朋友圈》，选取剧中几个发人深省的情节，进行党风党纪宣传。如在达康书记与妻子欧阳菁的争吵场景中，他跟评"……中央明确要求领导干部注重家庭、家教、家风，我不吼欧阳，组织迟早要吼我！"省公安厅厅长祁同伟得知离休干部陈岩石与新任省委书记关系不一般，居然跑到陈老所在的敬老院小花园里去挖地，下边的跟评提醒：党的十八届六中全会指出，党内不准搞拉拉扯扯、吹吹拍拍、阿谀奉承。

甚至连某家政商学院也做了一回蹭热点的企业宣传。《达康书记的GDP，由保姆来守护！》为什么与妻子欧阳菁分居八年，达康书记还能拥有家居生活的温暖？因为他有一个非常称心的保姆也就是他的妹妹——杏枝。她勤劳能干，不涉私事，"能请到一个专业、贴心、勤劳、守信的家政人员将是您一生之幸！"

新闻热点是民众集体关切的内容。互联网是时事信息的集散地和社会舆论的放大器，各种热点此起彼伏，体现的是当下社会主流人群的心理状态、价值取向和审美趣味。如果在网络热传事件或议题中发声，巧妙植入某种理念、产品形象，与当事人和"围观"群众产生情感共振，可以塑造形象，提升品牌，赢得社会认同。

中国"跑男"刘翔在2012年伦敦奥运会上再一次摔倒，让中国网民和公众震惊又惋惜。刘翔代言的一些体育品牌和其他企业迅速做出反应，借这个事件进行了一次逆向营销。如"宝马中国"安慰道："总会有人记得你为国人所带来的感动与荣耀，也一定会有人明白你所背负的重压与伤痛。"耐克官方微博的帖文更是令人动容："谁敢在巅峰从头来过，即使身体伤痛，内心不甘，让13亿人都用单脚陪你跳到终点。"

2017年4月1日凌晨，四川泸县太伏中学一名男生被发现坠楼身亡，在网上引出各种谣言，如官二代校园欺凌、强行收取保护费等。在警方发布详尽尸检和现场勘验报告后，公众基本接受了排除他杀、无暴力伤害的结论。今后再遇到类似的非正常死亡事件中，如何弥补政府和网民之间的互信欠缺？这就需要改进基层政府遭遇突发事件时的新闻发布和舆情应对，也需要老百姓增强对此类事件的专业知识素养。4月10日，南京的知名警务账号"江宁公安在线"发出一条长微博《死亡，这是一件很严肃的事》，从泸县中学生坠亡事件说开去，提供了有关的专业知识。

警方"排除他杀没你想的那么简单"，其背后是无数警力用各自领域的专业知识秉公调查，用海量数据和扎实的工作得出来的结论。针对一些不可思议的自杀案说道"人类的情绪是这个世界上最复杂的科学之一，很多平时看起来十分正常的人一旦遭遇了在他看来十分激烈的情感波动，突然激情自杀选择死亡的事情不胜枚举。"

"江宁公安在线"以卖萌著称，同时也是专业水准很高的政务账号。在突发事件和敏感议题上，及时回应民意关切，以事实、专业知识和科学理性解疑释惑，是对老百姓知情权的尊重，也是润物无声的普法和科学启蒙。

互联网是流行文化的大本营，从严肃的政治、经济话题，到五花八门的社会现象和娱乐八卦话题，企业及政务新媒体和主流媒体要想借势宣传，必须符合自己的身份和调性。

2015年12月，一名香港男歌星在微博发布了一张与女友车内牵手的照片，从车窗外的景物来看，拍照时车辆处于行驶状态。上海市公安局官方微博"警民直通车—上海"友情提醒："开车时要集中精力，不要做与开车无关的事。"当时恰逢"全国交通安全日"，公安微博借此发声，名正言顺，让网民印象深刻。

网络热点易逝，就企业而言，宣传推广是恒定的，因此企业家需要展示自己作为一个管理者的职业性和人文情怀，不仅要推广自身和企业的品牌，更重要的是帮助消费者答疑和解决问题。

打造富有表现力的自己

　　打造一个生动富有表现力的自己，这一点对很多传统老板们来说非常难。因为他们在之前的商业氛围中，习惯性地保持低调，隐藏真实想法，当然或许有些是不能讨论的商业秘密。但是网红企业家一定要展现真实的自己，敢于争论、敢于自黑，也要敢于面对自己"矮穷矬"的一面，让自己更真实地展现在"粉丝"面前。

　　2016年7月16日，锤子科技创始人罗永浩在一次活动中出现，他依旧是一件随意的黑色T恤，说话时还是一贯地低着头，很少看向观众，总是用一贯淡定的语气和熟悉的"罗式"幽默来化解自己的尴尬，他甚至还自黑说自己最近"过劳胖"了。

　　罗永浩坦言，锤子OS方面的遗憾是由于自己领悟比较晚，没有早点引入非常专业的开发管理者，"导致东西虽然做得特别特别特别（罗永浩用了三个"特别"）好，但是效率不是特别高，这就是我们一直在熬夜，熬到吃早点的原因。"对于白色手机的开发，他现在也认为白色手机成本过高，导致现在一直处于亏损状态。对于坚果手机，罗永浩认为因为自己对产品的过分追求，造成了判断上的不够理智，导致最终的产品上市时间延后了半年左右。

众所周知，罗永浩自出道来当过老师，搞过网站，办过学校，拍了电影，现在又做手机。他不时出现在人们的视野中，引爆了一个又一个让人疯狂的话题。

做真实的自己，首先要知道真实的自己。也就是一个人首先要能触摸到自己的所有，并承认它，包括自己的脆弱、坚强、优秀、开心、缺点以及其他。不管缺点、悲伤、委屈、恐惧、无能，做真实的自己，就是接纳自己的所有。允许自己有所有的感受，而不是拿规条和恐惧限制它。允许自己有受伤和脆弱，而不是通过假装没有来忽视它。允许自己有缺点和不好，而不是去评判和苛求自己。

做真实的自己，其次要敢于去向他人敞开或者暴露自己的脆弱。把你的脆弱、担心、害怕、缺点、软弱、差劲告诉他们，他们就会对你多一份悲悯、感动、帮助、理解和支持。因为一个从来没有软弱的人，是不需要别人理解的。我把我的脆弱交给你，因为我愿意邀请你走进我。说到最后就是：你若懂我，该有多好。

做了真实的自己，还要有表现力，善于表现自己。而做网红是企业老板在当前展示表现力的上上之选。网红的力量不可小觑，下面以餐饮界为例，来看看下面这些网红老板是如何表现自己的：

大渝火锅的阿杜顶着"长三角超人气火锅"之美誉，用一锅辣得让人欢心的地道牛油征服人心。阿杜绝对是实力网红，严选食材，自身代言，一句"不好吃，就退货"的毛肚宣传语更是让阿杜和大渝火锅在锡城无人不晓。但阿杜为锡城吃货带来的不仅是毛肚，更有川系美食。阿杜创立了小蜀娘、辣三疯、杜哥鱼虾跳……可以说是将川菜真正带入了无锡。纯正的老重庆牛油锅，勾得你口水直掉；镇店之宝菌汤锅，是由多种珍贵食材熬煮，味道好到有人直接喝了27碗之多；毛肚更是不用多说，就如广告所说，不好吃就退货，就是这么自信！正是这些种种，才造就了现在的大渝火锅，门口常常排队也是见怪不怪了！

一米花蒲的木木也极具表现力。如果用一个词形容木木的话，那必然是梦想家。木木因为喜欢日料，于是开了贵木餐厅；因为喜欢烘焙而爱上厨房，于是便有了一米阳光和一米花蒲。一米花蒲的前身是木木厨房，知道美女老板叫木木后才恍然大悟这个名字。如今更名后化身文艺情调餐厅，文艺范儿满满的。木木喜欢旅游，当"吃货"遇上旅游，那必然是造福"吃货"的节奏。木木会将在旅行中遇到的各色美食都带回来，然后在一米花蒲分享给大家，这也是一米花蒲的创意融合菜的由来。做创意菜，木木是非常认真的！店内的插花也是自己插的，这里的员工又要懂烘焙，又要懂插花，技能简直满分。

无须再多说，单单这两个网红老板就足以让我们感受到他们的魅力！

维系好粉丝社群

网红作为一种人形化IP，有着自己的发展道路，那就是从"眼球注意力"到"品牌化发展"。他们不仅能够依靠个人魅力圈粉，同时以电商为依托的"吸金"能力也可见一斑，比如2015年"双十一"当天，天猫每7件衣服中就有一件是网红卖出的。这就是网红的作用，也是粉丝经济的力量。在这里，我们以汇美集团为例，来说说维系粉丝社群的实战策略。

汇美集团瞄准了粉丝经济，于2015年成立了致力于IP变现的电子商务公司——魔范（MOFAN），这是一个网红孵化器，它以明星艺人、网络红人、影视文化IP作为切入点，从粉丝的热爱和需求出发，从而创造鞋包、服饰、护肤品等多品类时尚品牌，打造全渠道的商业化平台。平台的红人品牌发展至今，目前单品牌月销最高超过500万元，孵化了Dreamy、MUSCLEDOG、第九片海等红人品牌；2016年广东省移动经济协会评选其为"最具商业价值红人经济平台"。在PC时代最常用的邮件、短信方式已经逐渐失去效用，频繁的信息骚扰甚至会收获适得其反的效果，增加粉丝对品牌的黏度，理念的认可度和依赖度，对企业来说显得尤为重要。那么，到底如何维系粉丝社群？或许可以在汇美集团身上找到一些灵感。

汇美集团董事长兼CEO、茵曼品牌创始人方建华本身就是个拥有超多粉丝的网红：玩微博，开个人公众号，上综艺甚至玩直播，都是自己亲身上阵。也许秉承了他的这种性格，汇美的血液里多少也带着几分敢试敢做的冲劲：招呼粉丝线下开店进行共创，各地设立站长，线下活动轮番上场，圈一波红人帮他们运营，壮大粉丝队伍……对于很多企业而言十分难拿捏的粉丝经济，汇美却一直玩得如鱼得水，并建立起了一套独特的维护体系。

既然是社群电商，社群内容运营和粉丝管理很关键。如何做好这些工作从而顺利导流粉丝呢？"魔范"在微博等新媒体上分发内容和产品，吸引粉丝，还成立了官方微博，让红人和粉丝间高频互动；在微信等平台组织活动，方建华说他们有一位红人就在微信里举办过分享会，是关于夏日减肥的讲座。在线下，方建华举办粉丝见面会，来加强粉丝群体的黏度和共性。

汇美根据活跃度把客户分成三种圈层，建立分层运营机制，并尝试用粉丝去"带活"粉丝。就目前而言，参加过汇美旗下线下品牌活动的粉丝大概在5万至10万人，其中"铁杆粉"大约有1万人，而这1万人就是客户关系管理团队需要去建立深入链接的核心圈层。与他们建立密切的联系，甚至面对面的沟通是何健伟团队日常重要工作之一。她们作为汇美粉丝中的"种子选手"，不仅自己会第一时间参与集团活动，甚至不乏少数成为活动的自发组织者，以她们为核心产生内容，辐射到周边粉丝。这群粉丝也成了粉丝中的汇美"代言人"。

愿意为汇美集团活动产生二次传播的100万左右的中等活跃粉丝则在第二层，这些活跃粉丝一般会关注汇美旗下各个品牌的服务号、相关活动内容，也会参加与自己兴趣相关或者地域相近的微信群组，这就需要客户关系管理团队建立各渠道的沟通、互动机制。

如今的粉丝对原先的那种以宣导、形象为主的企业活动已经逐渐失去兴趣，由原来单向的沟通渠道转变为双向的互动，是汇美粉丝维护的一个重要转变。为了与粉丝建立真正的连接，建立不同品牌、不同风格、突出某一色彩的服务号成为汇美的首选。相比于略显正经的企业大号，极具个性的设计师、具有某方面专长等的个人号，现在成了粉丝更愿意关注的对象。以茵曼主打搭配的个人号为例，除了输出常规的服饰搭配的一些技巧内容，还可以为粉丝提供个性化服务，将粉丝通过看了详情页购买的服饰，根据其本身的体型特点，做出搭配方案和建议，也会通过其个人形象，为其推荐适合服饰元素、图案、版型等。

建立粉丝群也是一种常见但较有效的做法，汇美目前按照两个维度建群：一是以城市分类的群组，相同区域的粉丝汇聚更具有亲切感，一定程度上也更容易进行线下活动参与的可能性；二是以茶艺、花艺、阅读、音乐等兴趣建立群组，在里面粉丝则更容易找到志同道合的朋友，围绕本身兴趣进行探讨。一般在这些群里，汇美也会找到行业里的达人，定时在群里直播或者通过图文的方式教粉丝插花、创意DIY设计等，用内容黏住粉丝。再往外延辐射的300万左右粉丝，则属于默默的

"潜水党"，他们关注着活动和品牌的举动，但目前仍处于观望状态，何健伟认为想要一直吸引着这些粉丝的关注，需要CRM团队产出更多优质内容以及精彩的线下活动去打动他们。

短、频、快是现在粉丝活动的新特征。维护具有这种特征的粉丝有很多方式，最原始的就是店铺上新、会员积分活动、返场让利打折，比起线上这种比较单一的维护方式，现在汇美选择慢慢把用户引到线下去进行互动，要和用户去做朋友，让用户和用户相互成为朋友，这样才能建立比较稳定的关系。

通过调研数据，汇美发现其实粉丝并没有太清楚的线上线下界限，购买习惯更多还是基于场景的切换，线下购买主要集中在周六日，线上购买则多在周一到周五，团队在周一到周五主线上邮件、短信，店铺的互动，一到周六日则鼓励消费者参与到线下活动。为了沉淀出更多可行性方案，在每天上午做好日常维护工作之外，汇美团队的每位成员还要给出营销策划的点子，并通过投票的方式挑出"最佳idea"进行试行。同时，汇美关注到随着人们的时间逐步碎片化，营销活动的关注度会随活动时间推进而迅速回落，短频快也逐渐成为现在汇美活动组织的主要特征，合作成了其线下活动的落地方式。

2016年3月，方建华创建的茵曼品牌在全国不同的30个城市组织了"闺蜜瑜伽"活动，"茵符"（茵曼的粉丝）可以拉上朋友去和茵曼指定合作的瑜伽馆活动，而这场活动的准备时间也不过短短一周左右。对于瑜伽馆而言，茵曼给其带去了周边具有慢生活理念的客户，而瑜伽馆提供场地和课程为茵曼节约了不少活动的成本和筹备时间，将资源整合效果较好呈现。

除了集团自发的多城市联动的较大型的活动，汇美旗下还有一个非常具有特色的线下活动：粉丝作为自发的活动组织者，组织当地粉丝进行线下活动。根据地方为据点，汇美在粉丝主要汇集的城市设立了当地的粉丝作为站长，站长作为该地的粉丝活动的灵魂人物，也是当地粉丝活动的主要发起者，颇有几分类似明星当地后援会会长的角色。

方建华曾经分享过他关于红人粉丝经济的经验和观点：第一，现在市场上的网红店很快会死掉一大批。这些店缺少品牌塑造和运营的经验，没有供应链能力，产品基础令人担忧。仅仅会做变现的生意，这样循环会非常危险。第二，网红已经走到知识经济的阶段，靠脸靠颜值肯定持续不久，但很多网红公司还在大把花钱抢流量抢人。今后，只有把知识内容和流量结合起来树立个性品牌才是出路。第三，"魔范"最早提出基于红人做社群电商的模式，让红人向品牌创始人、品牌合伙人转变，进而塑造成个性化时尚品牌，而"魔范"就是他们的平台。

一个社群营销是否伟大在于你聚集的是一群什么人，大家能否一起同频共振，否则社群就是昙花一现。维系粉丝社群，关键是能够聚集人的网红做一个重量级IP并持续发展为品牌化。这是网红老板的当前任务，也是立足未来的必备能力。

第七章

头条思维领导力修炼

企业家想上头条或想当网红也不是想当就能当的，想在互联网上发声，想吸引年轻人的注意力，不仅需要豁出去，还得勤于自我修炼，运用内容营销的一些逻辑。

建立自己的发声阵地

　　近些年移动互联网兴起，很多企业家也想在自媒体的风口上发出自己的声音。自从有了微博，这些商界的领袖们在微博上驻扎聚集，或秀生活，或感慨，或聊天，就像是一部精彩的商界版"生活大爆炸"，企业家的所见所闻所想所感已经不再神秘。对大多数企业家来说，微博是更为合适的并且比较稳定的发声阵地。

　　2010年中国互联网发展最快的应用就是微博服务，这一年也被称为"微博元年"。微博是一个基于用户关系的信息分享、传播以及获取平台，具有信息传递快、保真性强的特点，创造性地解决了信息传递的点对点问题。2010年的重要年度人物、事件（犀利哥、凤姐、3Q战争、唐骏学历门），微博都成为网民关注讨论的焦点。

　　2010年春节前夕，中国企业家俱乐部与新浪微博共同发起了"微博之夜"。收到一条红围脖的企业家们，说不清楚"自媒体"对自己意味着什么。兴奋、疑惑、担风险的刺激、想红的欲望，通通写在他们的脸上。当天，一位企业家写到，从此，生活、创业、守业的历程中，似乎出现了一道时刻可以抓得住的情感彩虹。此后的时光，也真应了那句话，每个有微博阵地的企业家，一句话、一个笑脸、一个小文转载，瞬间可以获得"万众欢呼"。这样的感觉，把个别企业家不自觉地带入了"演艺生涯"，各色、各类命运故事也把公众的视野、情感、道德、文化"翻了个个儿"。

2011年初，创新工场董事长兼CEO李开复的新书《微博：改变一切》在北京举行发布会。在会上，李开复声称自己是"微博控"。他分享如何玩转微博的经验时说："微博总是给我带来更多的机会，更多的缘分。比如说，被困在机场接近20个小时，我用微博直播，甚至有人得心脏病，我作为记者来直播这样的过程；比如说，你会看到我从Google离职做创新工场这件事，我用它来辟谣；再比如说，我在微博上面很碰巧地帮助困在纽约的王冉，帮助他回国。还有更多有趣的例子，有温馨的故事，有好笑的故事，有帮着同事证婚的故事……我从一年多以前上微博到今天，我成为"微博控"。在微博上你如果写你的想法、意见、观察，其实你就是扮演着业余记者的一个角色；如果你在转发别人所写的东西，其实你扮演的就是业余编辑的一个角色。这些中国上千万甚至上亿的微博用户，形成了一个群众的智慧，变成了一个非常聪明的机制，让那些值得被转发、应该被转发的东西转发了出去，我觉得是了不起的媒体。"

2016年8月22日，徐小平为自己关注的"林依轮"的一条微博点赞，这条微博写道："中秋马上到啦！【饭爷】推出辣（love）蜜（me）组合的中秋好礼！用饭爷辣酱搭配饭爷茶月饼这个混搭有意思吧！所以我们就索性跨界到底。"徐小平对这条微博给予了这样的评价："90%的网红月饼都不是真的网红，让网红做月饼，让网红卖月饼，才是真的红！"

"这都是投资人最感兴趣的文字，从中可以嗅出某种商机。企业家是人，所以，个人的微博阵营不仅有价值观做底线，更重要的是靠文化和情感牵连。"一位天天读企业家微博、微信的广告策划人表示。

当当CEO李国庆在2016年的一篇微博中写道："忍不住说几句话。十多年前我反驳过王石的观点，每年企业家年会上见面也只是点点头。此次宝能、华润与王石之争，我忍不住为王石说几句：1.王董事长对股东有好恶且表达出来，不等于对资本不尊重。2.王对宝能老板价值蔑视不等于王对民营资本不尊重。王希望国企做万科第一大股东，是万科权宜之计谋，不等于对国有资本献媚……王石及团队当年为改制大局牺牲了股权，我们就不要再要求半退休的老人再次牺牲，且此次是爱情。5.此次处理大股东关系的技巧太差了。"

媒体人也看到，仅就"万科股权"热炒、王石微博陷入最沉寂时间的情况，知名财经评论家叶檀、企业家毛大庆、张欣、潘石屹、任志强、冯仑、李国庆、中央电视台特约评论员杨禹等，都利用了微博平台给予支持或支着。毛大庆的"35万粉丝"在他微博上读到了"我们都是航行在夜海的船，恐惧感与生俱来。能做的是打开每一盏灯，一起照亮我们的方向"的文字。这是毛大庆在中国最东端的抚远、中国最美雪乡，伴随着祖国第一缕阳光，在零下30摄氏度中，用一场与极寒的"搏斗"、获得第34块"全马"奖牌后，最惹人眼目的一篇微博。

2016年8月末，因为王健林的那句"先定一个小目标，比方说我先挣它一个亿"使微博圈子"炸了窝"，而遭遇各种调侃、刷屏的王健林显得极其平静。在此之前的7月9日、10日，马云的微博显示的是："无论我们做不做公益，世界都会发生变化。但你做了，改变的是你自己。"这条微博的转发量、点赞量也惊人。

"中国企业家俱乐部精神家园的建设开发，离不开博客、微博。王石离开万科去西方游学3年，微博平台一直是他与社会、企业家、朋友、粉丝互动的家园。未来，徐小平还会继续着他的幽默投资、俞敏洪依然坚守着他的创业情怀、段子手冯仑绝不放弃段子文学，史玉柱也不会老是在微博上谈自家的猫、马云家的狗，王石更不会永远渲染万科的悲伤。企业家的精神家园，不会永远荒芜。因为还有雷军、郁亮、柳青等后文化继承者。"一位金融学者表示。

2016年，企业家杨元庆、雷军、任正非都用自己的品牌手机发微博了。比如7月8日雷军在微博写道："看了《黎明之前》，我立刻成了吴秀波铁杆粉丝，把他主演的电视剧都找出来看了看……周末读《刘永好传》。"

中国企业家一直面对"商场和舆论场"两个战场，而微博是新时代给予企业家的独立思想阵地。事实上，大家不愿意看冷冰冰的企业官方微信，更愿意看有温度有见地的企业家微博，因此企业家要提升网红领导力就必须有发声阵地。当然，除了微博还有其他平台，只是相对弱势一些罢了。

输出价值而不是"广告"

网红企业家有了平台比如微博就可以"发声"了吗？也不尽然，还要看你的声音有没有抵达用户。很多企业家做了一个错误的示范，就是在社交媒体上所有的内容都是围绕自己的产品，转发企业新闻，而缺乏自己人格化的东西。这种四平八稳的东西是没有价值的，提不起任何人的兴趣。要知道，所谓"发声"是指输出的品牌内容有价值，而不是打广告。

为了避免没有价值的打广告，企业家在社交媒体上做品牌内容输出时，要做到有情、有趣、有用、有品。这也是衡量品牌内容是否有价值的四项标准。

社交媒体输出的品牌内容要有情。情感是培养品牌粉丝的重要因素，因此应优先考虑多打情感牌，吸引高质量的忠诚粉丝，少用促销、奖励等手段吸引"僵尸粉"。社交媒体的特性使得以往单向度的品牌传播被双向的情感交流所取代，有助于提升品牌的美誉度和忠诚度。输出品牌内容是一种营销行为，而营销的最高境界是不仅要把产品卖到消费者的手中，更要把产品卖到消费者心中，从"让你喜欢"到"我就喜欢"。人的大脑总是倾向情感，而不是理智，在"互联网+"时代，情感更是主导消费者购买行为的统帅，产品的质量固然重要，情感也不容忽视，要在时代的大变革中取得长足的发展，需要与消费者建立深厚的情感。让消费者爱上你的品牌，就会为企业带来源源不断的客户和财富。

社交媒体输出的品牌内容要有趣。恶搞是常被用于制造有趣的方法。海尔公司为海尔兄弟征集新形象，曾经发起大画海尔兄弟活动，呼吁网友在指定网站上传作品，在很短的时间内，大量恶搞海尔兄弟的作品涌入了网站，例如土豪版、肌肉美男版等，虽然活动走向超出海尔的预料，但对品牌年轻化起了正面的引导作用，不管出发点如何，最终是要回到用户思维。此类恶搞一般具备有趣个性，并有极强互动性的特征，在可控的范围之内，对品牌年轻化会起到积极的作用。因为推广手段要与时俱进，要能潜入目标顾客的心里，达到沟通最大化的效果。

社交媒体输出的品牌内容要有用。一切产品必有实用性，品牌作为大牌产品更应具有实用性特征，这一点在品牌设计时就已经考虑到了，而在推广环节也应注重这种实用性。越来越多的消费者对"牌子"的实用性越来越关注。比如在社交媒体推广一只品牌手表，必须为消费者提供更具实用性和个性的产品体验，如GPS定位功能等。如果用户买了这只手表后在使用中发现不能接受信号，也无法随时获取更可靠、更精准的时间校正，那就一定会出现投诉等问题，会极大地增加客户关系管理成本。

　　社交媒体输出的品牌内容要有品。有品就是有品位。品位决定品牌，品位越高，品牌越响。马云认为，所谓的品牌包括两方面，"品位和口碑"，品牌里应该带有文化和精神，所以品牌不等于广告，依靠广告投入赚取的只是知名度而已，而真正的品牌是依靠口碑相传的，品牌的"品"就是口碑相传，"牌"是要有品位、有文化内涵的，绝不是广告砸出来的。另外，不仅品牌要有品位，推广品牌的人也要有品位。人的品位，泛指人的品质、水平，是对一个人的个人品德修养及工作生活方式评价的标准。一个有品位的企业家在社交媒体输出品牌内容时，自身的品位自然提升了，品牌的口碑也自然好了，整体声誉便高了。

　　总之，在社交媒体输出品牌内容，广告尽量少来一点，一定要做到有情、有趣、有用、有品。只有这样，才能让大家了解你的个性和价值观，才能和用户玩在一起，建立更亲密的关系。

善于制造话题

话题不是天生就有的，很多时候需要创造出来，而且个人的话题性一旦塑造，后面能够产生连锁反应。为什么大家喜欢捕捉雷军、周鸿祎、董明珠、马云等大咖，因为大家知道他们更有话题性，也愿意制造话题。

天下事的很多道理都是相通的。直接进入正题，打造品牌也好，打造网红也罢，第一要做的就是，发现目标人群的一个不平衡点，或者叫需求点、痛点。

看看2015年的大批网红，他们多数是"90后"，他们活跃在各种垂直类社交媒体平台或者二次元社交产品平台上。当这些网红们用一种"傲娇"、"无厘头"、"呆萌"、"我就是我"的表达方式来展现自己时，他们便获得了很多年轻人的追捧，并且年轻人也最能解读他们在作品中所表现的想法，最能理解和接受他们的奇异独特的方式，也最能抓住年轻人的兴奋点。这些网红作品在最初阶段能累积大批"90后"用户群体的支持，从而提升曝光和传播力度，随着曝光和传播的进一步加大，再扩展到其他人群，引起更大范围的网络传播。

在确定目标人群之后，接下来就是话题内容。这里的内容就是指事件，一个网红不可能通过一次事件、一次刺激就能让大家记住的。并且，这一次次的事件要有顺序，其实就是要求有发展战略。在这之中，事件的传播路径至关重要，必须实现从好内容分发到更大范围的传播。在今天的社交媒体时代，内容越来越重要，但是要想内容能形成影响力，渠道分发能力就更加重要，渠道分发能力越强，引起整个网络大范围传播的概率就越高。当然，在实施过程中，要监控实际情况，做到及时反馈和修正，以赢得最佳效果。

2007年7月，中国最大的袜业制造企业浪莎集团董事长翁荣弟宣布，因利润太薄，在当月底完成沃尔玛的最后一批订单后，将选择放弃与沃尔玛的合作关系。顿时，一石激起千层浪，毕竟沃尔玛每年的订单量高达500万美元。

浪莎对零售巨头沃尔玛说不，这在业内人士看来是个颇有点"做秀"意味的行为，不过，这其中所透露出的问题也表明了自1998年前后的"中国制造"在历经了10年的黄金成长期后，已经走到了一个十字路口，中国制造必须采取积极的策略予以应对。

首先，在过去的合作模式下，中国提供的低廉商品深受全球消费者的欢迎，但中国制造商却并未从中获得更多的利益，这其中流通大公司反而成为其中最大的得益者，它们为了获得更大的利益，不断采取压价策略不断蚕食中国制造工厂的利益。在传统制造业发达的绍兴、温州等地，你可以看到这样的景象：在一条生产线上悬挂着不同的商标，有些是显赫的国际品牌，有些是国内制造商的品牌，尽管它们都从同样的生产线上制造出来，但是贴上不同的商标后，身家就会有一倍甚至数倍的差别。品牌的力量在这些车间里展现得残酷而让人感慨。而制造工厂却很少从这种差异中获益。一位温州玩具制造商的厂长就曾经诉苦说："中国的玩具出口目前完全受制于欧美几家大的渠道商，它们总是年复一年地压价。譬如，一个皮球，它们只肯出5美元的价格，哪怕我们再要求高出一美分，它们就会马上拒绝，绝不会给我们多出一分的利润出来。长此以往，随着劳动力和原材料的双层上涨因素，试想这5美元制造出来的一个皮球质量会是怎样的呢，我们会用怎样的皮料？怎样的节约？这不就可以想象了吗！在这种情况下，厂子都处于苦苦支撑之下，你能够指望产品是一等一的质量吗？"

其次，随着人民币升值及国内通货膨胀的压力，"中国制造"的价格优势也越来越弱。到2007年7月，中国的消费价格指数比去年同期增长了5.6%，这是十多年来最急剧的增长。食品价格猛涨15.4%，而这些无疑也会传导到以沃尔玛为主的其他大零售商的货架上。

除了人民币升值、上游原材料成本上涨等因素外，"中国制造"还受到国外专利费上调的制约——由于中国企业欠缺核心专利技术，这也成为中国制造业的最大制约因素之一。以家电行业为例，中国制造企业每出口一台电视机就需要向外国的相关专利单位缴纳约10美元的专利费，从而使得中国制造的利润长期处于低端水平。

而浪莎的这次"首秀"无疑也揭开了企业抛弃长期靠低价竞争的发

展之路，到12月间，双方通过谈判，浪莎恢复向沃尔玛提供产品，据浪莎称"价格颇有上升"。在这一较量中，浪莎不但获得了预期的经济效益，而且自身品牌影响力也得到了很大的提升。

总之，企业家要成为一个话题的制造者，无论是关于哪方面的都行，可以是短视频，可以是段子手，你会做饭、会化妆、会运动……把任何一件事做好了你就可以成为一名网红。

创造优质内容

持续的优质内容创作是成为网红的最核心的问题。网红必须明确自己的目标观众，也就是哪些网民会对自己的内容有兴趣，并且能够接地气，符合大众网民的审美。比如，Papi酱经常谈论一些年轻人的敏感话题，或者是当下热门的话题，像"剩女"问题、魔兽电影等。Papi酱早期的作品中经常爆粗口，但后来已经改善了。接地气不代表要低俗化，不能违反相关的公序良俗，最关键的还是内容要能抓住观众的心理。

内容是网红的生命线，而绝大多数的准网红们都倒在了这一步。网红普遍存在这样三个疑惑：一、我写的文章或录的视频这么好，为什么没有人看呢？怎么才能火？二、为什么发了文章粉丝数量还在下降呢？我明明很认真地在写，可粉丝为什么越来越挑剔？三、怎么才能成为像Papi酱一样的内容创业的明星网红呢？其实，这三个问题代表了网红修炼道路上的三道关卡。既然是关卡，就必须冲破。

首先，我们来看第一个问题：怎么才能火？大部分内容创作者遇到的问题就是内容无法引爆流行。网上有很多关于内容创作的小技巧，比如，如何拟标题，如何让文章在排版上产生美感，让人看起来不累，这些都是技巧层面的事，就不赘述了。其实仔细分析下这些年火过的内容，就不难发现内容创作的规律——观点比事实重要，态度比观点重要。

这个时代信息过载已然在不可避免地加剧，每天我们都会被海量信息包围，真正能记住的事情和知识能有多少？用户越来越没耐心，所以内容必须观点鲜明，让用户能直接知道重点，否则用户会因为不知所云而失去耐心。平铺直叙地叙事必然无法吸引粉丝，但是如果有一个新颖的观点，是不是看一遍就让人眼前一亮？

仅仅有观点是不够的，还必须有鲜明的立场和态度，如果是一个中立的道理，用户会觉得平淡无味。而一旦内容本身带有立场就不一样了，这时内容会天然地把用户筛选成赞成和反对你的两派，他们要么感同身受，要么有反驳的欲望。而这个时候，用户群的对立使得他们互相之间会辩论，这就是在一些帖子的评论底下经常有人互撕的原因。在对内容的评论和争辩过程中，用户的注意力会逐渐从内容本身转移到观点的讨论。这样的话，一来争论本身就会增加内容的被关注程度（炒作的原理）；二来争论可以增加用户的参与度，实现内容的二次创作；三来在有敌人存在的情况下，内部更容易团结，往往粉丝在同敌人对抗的过程中就会增加社群的归属感。

做到内容有观点有态度只是成为网红的第一步，下面还有更艰难的挑战，那就是应对挑剔。我们先来看一段对话：

A：哇，这个节目真好看，有货有趣有料，我要安利给我的小伙伴。

B：又多了好多粉丝，好开心。

一个月后：

A：怎么好几期都在说同一个东西啊，这个观点上一期说过了。

B：粉丝提的要求越来越多了，我要继续努力，创作更好的内容。

三个月后：

A：节目没有以前好看了，你也就那么回事。

B：为什么用户越来越挑剔呢？好累。

半年后：

A：真没劲，看来你真是江郎才尽了，不看也罢。

B：真是越来越辛苦，我明明比以前更努力，可为什么粉丝就是不买单，到底要我怎么做才好，现在每天想到要做节目就好焦虑，我该怎么办？

上面是内容创作者经常遇到的困境，用户对内容越来越挑剔，越来越难以得到满足。举个例子大家就容易明白了：我们感冒了就会吃药，但是如果每次感冒我们都吃同一种药，效果就会越来越差，因为细菌会产生抗药性，这就是刺激失效。

所有生物体在遇到刺激的时候，都会产生应激性来响应刺激。优质内容对于人就是一种刺激，一开始你会觉得如沐春风，可是时间一久，刺激的多了，人就会习惯这样的刺激，同时产生更高的期待，下一次只有用更激烈的刺激用户才会买单。因为用户的心理期待在不断上升。

面对这样的"原罪"，并没有办法彻底解决，但是却有几条延长衰减周期的办法：

一是加大刺激的"剂量"。就像你在感冒的时候，如果感冒比较严重，往往需要增加吃药的剂量来解决。对应到内容创作就是要继续用猛料、重口味的流行就是一定程度的增大剂量。仔细观察互联网社会的措辞，都在往更加直接有力的方向发展。如Papi酱的火爆，就是这样的道理，Papi酱视频很重要的表现方式就是快速切换镜头，每句话一问一达，每两到三句话一定有个爆点，这就是增加刺激频次带来的剂量增加。

二是更换刺激源，如果上面说的增加"剂量"不管用了，就需要换个"药"试一试了。比如罗辑思维的视频节目看得多了观点就没什么新鲜感，所以罗胖团队就不断地制造新的玩法：卖月饼，甲方闭嘴，跨年演讲，拍卖Papi酱的广告权等都是更换刺激源的体现，只有这样才能让自己始终处于舆论风口，延长衰减周期。

三是更换刺激方式，最简单的就是更换不同渠道的分发方式，比如同样的内容可以录语音，录完语音可以拍短视频，拍完短视频积累粉丝后拍大电影，有票房之后写书，写完书之后做周边游戏，游戏里面的角色可以做成公仔玩具，其实可能是一套内容体系，这么玩一圈下来用户就会始终觉得有新东西出现，不断地增强用户的黏性。

通过了第二步网红修炼，就要形成风格，占领认知，这是成为明星网红的必经之路。为了成为一个真正有影响力的网红，必须形成自己的风格，也就是占领用户对某种形象的认知。

想想曾经经久不衰的明星和当今持续多年的网红，都不难发现，他们有鲜明的人物特点。比如，如果说要演猴子，你一定会想到六小龄童；说到市侩无厘头的搞笑你会想到周星驰；说到东北农民和大忽悠，你会想到赵本山。因为他们都占领了人们对某一个细分形象的认知。而网红要做的就是要通过内容，建立这样的鲜明形象。

成功从来就不是一件容易的事情，内容创作的先驱们通过自己的探索造就了网红这个概念，他们一步一个脚印地靠优质内容获得了人们的青睐，并保持着旺盛而持久的生命力。

跟上潮流

从文字到图片、到视频音频，再到现在的直播、问答平台，内容的流行趋势一直在改变，企业家们只有跟上潮流，不断尝试新花样，才能更容易走进消费者的心。

网红可以引领经济潮流，一个紧跟时代潮流和善于展现个人魅力的人就是一个大网红，一个大网红是可以引领经济潮流的。那么在社交媒体迅速发展的今天，网红如何用新花样吸引关注，进而引领经济潮流呢？

第一，网络直播。2016年被称为"中国网络直播元年"，网络直播从一个个冰冷的手机应用，变为充斥在年轻人休闲时光的热门话题。资本市场对网络直播已是非常狂热。预计，2020年网络直播市场规模将达到600亿，甚至认为2020年网络直播及周边行业将撬动千亿级资金。"直播，向左是娱乐，向右是社交。"陌陌、微博、QQ、映客相对而言更侧重社交关系和流量转化，辅之以内容；而YY、斗鱼则相对侧重准专业内容和自制综艺的开发。另外，同样受资本追捧的还有"直播+类应用"，即直播和垂直类行业的结合，如豚首娱乐这样的平台。

第二，无内容不创业。"内容创业2016年迎来大爆发"一说，已经在全网各个平台得到了数据上的统一证明。更突出的是，2016年刚开始，新一代网红Papi酱获得1200万风险投资，身价估值上亿，其影响力无人怀疑。

第三，维护好社群。社群是社群经济的核心，也就是用户关系，这是一种基于互联网的新型人际关系。社群是具有相同或相近价值观和审美的人，被互联网连接后所形成的虚拟空间。在此基础上建立以用户为中心的产品或服务模式，从某种程度上，"人—商品"的关系取代"商品—人"的关系，小米CEO雷军、"罗辑思维"创始人罗振宇等是典型社群经济的代表。

总体上看，将"网红+内容+社群"这三者有机系统地集合起来，就能引领经济潮流，形成一种新的经济模式，那就是网红经济模式。事实上，网红经济已经出现在我们身边，这是移动互联网时代网红发挥作用的结果。网红们利用借助移动互联网之势而相继出现的微博、微信等社交平台，通过链式传播的方式，有效地发动粉丝的个体力量，聚集起一群有共同兴趣爱好的粉丝群体。并通过高频次的深度互动，与他们建立了深厚的感情和信赖，最终引导他们完成消费，赚取利润，从而打造了网红经济的崛起。

眼下，网红经济已经是趋势，并且越来越呈现出视频化、专业化、品牌化、平台多元化、营收多元化的明确倾向。在这"五化"过程中，网红又该如何把握呢？

在视频化过程中，网红要充分利用视频进行传播。视频模式是轻模式，内容少传播快，利于内容创新，所以亮点不断，红人此起彼伏，但变现困难；视频直播模式内容多互动多，利于变现，但相对较重，不适合传播，也不容易红；这两者先天互补，构成一条完整的商业链，再加上社交网络对影响力的扩展，成为新一代网红经济的商业逻辑。简单来说，短视频吸粉，社交平台沉淀关系，直播吸金变现，这是新网红经济的全产业链，这就是"短视频+社交+直播模式"的新网红经济闭环。

在专业化过程中，网红要在网红孵化器中修炼自己。事实上，在淘宝上红人与孵化器的合作已经不是新鲜事了。据一篇名为《网红经济学：再造1000个ZARA》的文章报道，一家孵化器公司可以为一个红人提供30余人的幕后团队，10余人为他全职服务。文章转述了一位网红孵化器公司负责人的观点：观众更愿意看到周星驰在电影里的样子，"我们做红人店铺也一样，观众需要一个演员。"在淘宝，一个新的产业——淘宝红人店铺运营已经诞生，这是集网红包装、服装设计、生产制作、销售物流于一体的专业化公司。

在品牌化过程中，网红要朝"小而美"的品牌方向发展。在淘宝上，很多红人店铺成立了自己的工作室、自行设计，甚至自建工厂，从而走向品牌化。大部分业内人士认为，从最开始的买手制，到后来自建工厂打板生产，产品个性化、流行化，未来品牌化会成为网红店铺生存与突围的重要因素。

在平台多元化过程中，网红要善于利用秒拍、优酷、B站、微信、今日头条、微博等多个渠道平台获得粉丝。比较来看，网红现在最值得跟的平台还是微博、微信、秒拍。在微博平台，可以晒生活、送福利、分享攻略、发表热点、写段子、发萌图和搞笑视频等。在微信平台，可以利用熟人经济打开市场，运用各种营销花样；可以做微信活动，从而去吸粉引流。在秒拍平台上，一部手机就可以完成拍摄、剪辑、分享的全部流程，大量的UGC视频内容开始涌现。另外，终端、平台、应用、社交网络以及用户内容消费习惯等新的内容分发模式也"为碎片化的视频创造前所未有的消费场景"。用户所创作的视频内容依托各大内容平台进行分开并且可以迅速流行。

在营收多元化过程中，网红要采取有效的营收方式。这里介绍三种：粉丝打赏、开网店和接广告。粉丝打赏是最基本的一种方式，目前微博、微信、秒拍以及斗鱼等直播平台都开通了打赏功能。开网店方面有"十个网红、九个开店"的说法，这句话着实不假。但凡点开一个微博粉丝百万的网红，他们的简介上大多标着淘宝店铺地址。接广告是一种常常被使用的营收方法，以往只有明星们才有的"广告代言人"待遇，现在网红们一样能够享受。

不断提升自身素质和能力

老板当网红、网红当老板，这两种情形都很多。不管是前者还是后者，结果都是不仅树立和传播了个人和公司的品牌形象，还带动了产品销售。来看下面这个案例：

王娜女士是河北省邢台市新河县人，从事过日化品批发行业多年，积累了人生第一笔财富。一个偶然的机会，朋友上传了一个"吃猪蹄"的视频到网上，几天内点击和转发量达几十万，这让一直从事传统行业的王娜意识到这是一个可以挖掘的金库。于是在新河当地，她先后创立了两个公众号"微新河"和"新河23事"，自导自演了多部具有当地特色的视频，粉丝量迅速提升，短短一年的时间，已经囊括了新河县70%的智能手机使用人口，人称"娜姐"的她，已经成了当地的网红！现在她在新河成立了运营团队，在公众号上承接线上广告宣传、线下活动承办、企业宣传片制作、微电影等工作。

有闯劲儿、不安于现状的王娜认为，现在是一个互联网时代，智能手机的普及率大幅度提升，已经进入了"粉丝经济""网红经济"的时代，所以她来到国际庄，组建起了更专业的团队，创建"娜姐微拍文化传播有限公司"，目前"娜姐微拍"旗下运营着三个粉丝量都达数万，并且有着稳定的合作单位，业务范围不断扩大的传媒公司。公司从最初利用公众号为企业做宣传以外，还增加了微电影、微视频、企业宣传片、线下活动的承接等业务，已经成为国际庄颇受欢迎的传媒公司。王娜说：创业的人生才是精彩的人生。从初入社会，到现在搭上新兴行业的列车，她走得坚实而有力，用实力不断创造着一个又一个奇迹。

有人说，在自媒体经济时代，不想当网红的老板都不是好老板。马云、刘强东、王石等这些CEO们都是活招牌。其实企业家做网红是一个非常节约代言人费用的方式，一个CEO就是他的企业形象。能否成为企业家网红，大部分时候不是看长相好不好看，会不会讲段子，而是看传递的价值观。例如徐小平就是投资人里的头号网红。他的表达方式、投资成功案例、个人形象、传递的价值观，影响了很多人，让他成为这个领域的网红。

作为一个企业老板，如何才能成为一个企业家网红？做网红需要具备哪些素质和能力？需要做到三点：一是自身有干货；二是需要较强的心理素质；三是需要有产品。

一是自身有干货。干货就是价值观的传递。这方面有一个很多人都熟悉的例子，即张大奕。张大奕火了并不是因为她是最美的那个人，而是因为她性格活泼开朗、她的生活态度等会被很多人跟随，她是那个别人很羡慕的人。想成为一个更大的网红还得靠价值观取胜。很多人对网红的理解可能就是一个肤白貌美大长腿的姑娘，其实网红更应该被称为"意见领袖"。随着信息传递的时代变迁，每个人接受的信息变得越来越多了，价值观也越来越多元。一定会有一些表现得更加突出的人，他的意见更加鲜明，他的形象符合大众人群理想中的期待。在这个前提条件下，崛起的这些人才是真正的网红。

二是需要较强的心理素质。在网红的时代，大家更喜欢看比较真实的东西，企业家网红除了要像一般网红一样不端着、说人话、接地气，随时做好被黑的思想准备，也要学会自黑的能力。同时，还要坚持，其实不管是企业家网红，还是个人网红，首先要去选定一个方向坚持做，要坚持自己的风格。做内容其实需要长期在一个方向去深耕，还要敢于露脸，如果一个企业家特别高冷，不爱出门，不接受采访，确实是保持神秘感的一种方式。但就常规而言，保持刷脸率还是成为企业家网红非常重要的一种方式。

三是需要有产品。谷歌创始人埃里克·施密特说，今天是产品第一的时代，产品甚至比掌控信息、垄断渠道和强力营销更重要。没有可靠的产品赢得"铁粉"，忽悠得再狠，也行之不远，长得再帅，也照样被围殴。

好的企业家往往就会成为网红。企业家带领企业成长发展到一定阶段，必然会影响企业的员工的精神层面，如果企业做大做强，又会对公众认知产生更加广泛的影响。当然，网红企业家在享受高知名度带来的红利时，也必须面临一些风险。下面提到的风险一定要警惕，这也是企业家网红素质修养的一个重要内容：

一是产品出现重大问题，引发众怒，个人形象受损。

二是口不择言，与公众的普遍认知和情感为敌。对企业家网红来说，展现个性、抨击对手都没有问题，但可怕的是让自己陷入与多数人为敌的窘境，结果一定是"掉粉"。比如凡客的陈年，前不久他抨击周杰伦是垃圾，对凡客和个人形象的一次极致冒险，后果基本可以说是灾难式的。

三是营销过度，透支公信力。对于产品和配套还不是完善的初创型企业来说，过度的曝光炒作可能会导致"粉转黑"。毕竟营销宣传只是辅助手段，必须有干货，有业绩，才能够支撑。

总之，企业家做网红不管是外在表现特征，还是价值观层面，都应该具有非常独特的一面，才能契合更多的人对他们的想象。